源流

中西文化論談

百歲嬰馬誠達

[书名题字　马识途先生]

沈　晶　著

四川人民出版社

序

阿来

我认识沈晶是几年前，他拍摄纪录片《角色》对我进行采访的时候。那时候印象中的沈晶是一个对传统文化特别热衷与痴迷的年轻人。初次见面，沈晶带着他才著作出版的一本《川剧录音制作及赏析》和摄像机，风尘仆仆地赶到我的家里，耐心细致地向我询问戏曲、中国文化方面的许多意见。那本独树一帜的川剧录音研究领域的专著无疑为他的采访增添了许多独有见解。片子后来播出、获奖了，观众们也通过影片了解到这个二十出头的小伙内心对我们本土文化的强烈责任感。

可是这个年轻人却丝毫没有停下憩息的意思。在第一部影片结束后没多久，他又开始了自己另一部关于木雅藏族题材纪录片的创作。这部影片不仅在国内接连获得了四川电视节"金熊猫"国际纪录片大奖、中国青海世界山地纪录片节"玉昆仑"奖、中央电视台"活力中国"纪录片等诸多奖项，还作为中国国家对外形象宣传片，在国际上展示中华民族独有魅力。说来我是一个藏族人，在中华文化正值复兴的今天，无论哪一个民族，都有义务为中华民族的崛起做出应有的贡献。从戏曲艺术到民族文化，沈晶的身上展示出的对中国文化的良知良能，再一次触动了我的内心。可是沈晶仍然没有停下来的意思。相比于同龄人，他所获得的社会认同与专业成就已经远远超出了许多人。现在的沈晶已经是一名大学老师，也是我们作家协会一名年轻的会员。这一次，沈晶的这一本新作又一次呈现在了我的眼前。这个不知疲倦的年轻人对中西方文化的研究已经跨入了他人生中的又一境界。不过我相信，沈晶仍旧不会停下来。他将在未来更遥远的道路上，用自己的学识与见解，为中华文化书写更美好的华章。

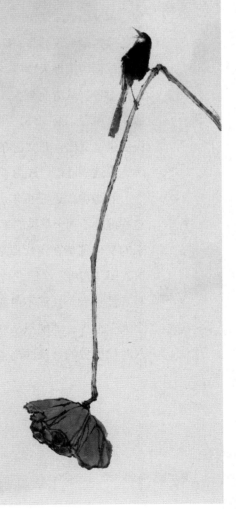

引言

　　以史鉴今，中国历史上经历了三次大的民族融合：从上古到先秦，完成统一，由东夷、北戎、西狄、南蛮融入汉族，而有盛秦；从秦到南北朝，匈奴、鲜卑、氐、党项等融入汉族，有隋唐盛世；从隋唐而至宋元，契丹、女真、蒙古融入汉族，有明代之盛。每一次中国国家强盛的前奏都是一次民族大融合。而中国地大物广，每一次民族融合又相当于一次不同类型文化、文明之间的融合。从清而至今，在内，我们面临着满、羌、藏、回、苗、汉等族的第四次大融合，而向外，同时又面临着西方文化与东方文化之间的全球化融合。民族创造文化，非文化亦无以完成民族。在这种双重融合的大背景下，能否圆满完成这一过程，成为了中华文化复兴的关键。

　　熟悉中国近三百年历史的人都知道，中国文化在近代经历了无数挫折，这些挫折不同于单纯的学术争辩，而是来自军事、政治的干预。数千年遗传下来的文化菁华在当代似乎成为了一门冷僻净地。其实，文化与历史之特征有二，曰"连绵"，曰"持续"。惟其连绵与持续，才以形成个性而见为不可移易。惟其有个性而不可移易，故谓之有生命、有精神。文化世界内在包含整个大千世界，非能只从一小段时间对文化作片段支离式的剖析，而应将其放入时代历史的延绵性与空间性中，融其点滴于社会大流，从文化学角度了解

交互相联的内在意义。自然界有事物，而可以无意义。进入人文界，则一切事物，其背后都必有某种意义之存在。唐刘知几著《通史》曾曰："句皆《韶》《夏》，言尽琳琅，秩秩德音，洋洋盈耳，譬夫游沧海者，徒惊其浩旷，登泰山者，但嗟其峻极。"在本书提笔开作之前，我曾经数度踟蹰。作为一名二十多岁的年轻人，面对浩瀚的中西文化历史，在发出仰之弥坚、钻之弥深的感叹时，亦知从文化学的角度论谈中西文化殊为不易。

何谓"文化"？物相杂谓之"文"，文化即化解人、物相处种种复杂形相之道。钱宾四先生谓文化为"时空凝合的某一大群的生活之各部门、各方面的整一全体"。佛教东来，在化他为我的过程中，鸠摩罗什、玄奘、昙无谶等一大批精通中国文化的至圣先贤在其中扮演着重要角色。而印度佛教真正融入中国本土之后的教外别传禅宗，造就了王维、苏轼、徐渭等的非凡创作。所以，想要将技术转化为艺术，必须通过文化做接引。艺术往往是历久弥新，而且愈发有价值；技术则需要不断创新，愈旧愈破。没有时间的积淀，就不可能有艺术经典的存在。发明机器诚然需要极高的心智，但使用机器却只是一种技术，见不了个性。从物质、机械世界之上，需有道义世界作为接引，否则到达的艺术世界仍是身世界，而非心世界。艺术世界区别于机器世界，正在于其中

见生活见文化。旧的技术被新技术淘汰是一种必然，但人心所包含的文化精神却能指引一次次新的艺术创作。当下，诸多具象的文化形态与其说是一种艺术或技术，更不如说和佛学一样是一种文化。所以，我们对中国文化生命的把握，若非从一种对文化真理向上探寻之根本精神中产生，则其发动不在中国人自身，而在西方译著、模式搬袭，则宜乎其浮浅动摇，不能收宏深之效。因此，在吸收外来文化上，成果亦不能与魏晋南北朝时代之佛学相提并论。

在英文中，"教授"的单词是professor，意思是专家的、职业性的，亦是一信仰的。为一信仰发言，或宣誓、决定，亦名为professor。故西方接受大学教育之青年，乃是一有信仰、有职业者。将此信仰与职业之知识与技能传授人，即称为professor。一般青年跟从聚居，遂成为college，后遂逐渐合并成为一大学。而中国教育从殷周庠序之教开始，一以贯之的，始终是通才式的教育。六经皆史，孔子作《春秋》而乱臣贼子惧，从洒扫应对的小学直至四书五经、二十五史的大学，中国的教育始终是技能与人格相匹配，务求学者能做到文质彬彬，相得益彰，才能算一个理想中的士人。两者殊途同归，都是在专业基础上寻找一个人生理想。在这中西汇通的年代，作为一名中国传媒大学教师，我常常问自己，是否为学生立下了一个长远的志向。立志笃行，远胜辞章之藻。莱布尼茨谓万有皆具心思知觉，唯其程度为有差。叔本华谓此为意志(wile)，至心思智识皆由意志而生，德国心理学家冯德（Wundt）及考博（Kuelpe）皆以意志为人格中心，Stackenbag亦云人之社会生活成于意志。我之有身，由意志也；我之意志呈此宪象也，我所知觉之物皆属宪象，其生于意志亦由我也。文人艺术家的创作离不开作者本人意志的好恶。巴斯家

（Blaise Pascal）曰："意志有所好恶者也，倾注精神于己之所不爱处者，未之有也。精神与意志同行，然随意志之所爱处而止，精神当判断己之所见时，常于不识不知之间随意志之所向，以定其信仰焉。"我曾经给我的学生列出了两份书单，一份是关于国学的，一份是关于西学的。国学的甲部是经子哲学，我为他们粗列出了几十本从先秦诸子百家到近代梁任公、王国维、陈寅恪等公的经典著作。有学生当堂问我："老师，这些书和我们所学的专业有什么关系？"事后，我给他们写了一封短信，其中有这么一句："四年里，你们能在浩瀚的书海中找到一个不一定是显学，但能使自己服膺一辈子的文化信仰，那就无所谓失败，也方能从时代人物之中抽身，而渐成一历史人物。"清华最早一批庚子赔款的学生留洋前，大多有一定国学基础。他们出国学习前即知道国家与社会的建设需要什么，立下了本于专业却又高于专业的志向，也才脱离于彼一时代，成就了之后历史长河之中的大师。如今，我们已经进入了所谓的"大数据时代"（Big Data），舍因而就果，舍我而就途径，更易陷于人生物欲的简单供求。大数据的用途源自我需，而若只是为了一个我需却去放却本我，只会让尚未成型的中国当代文化失之更远。

夫杂者，会也。盖先以道德为标的，既定纲纪品式，乃博采九流，网罗百氏，纳于检格之中，实能综合方术之长，以成道术，非徒以钞内群言为务者也。重走前人路，当怀彼时求索之精神，而更识彼时智识之不足。当下，虽然我们在技术的各个层面上和英美等国的技术差距已然缩小，但我们仍鲜能在短时间内用现有的技术搭建起一件富有深刻文化内涵的作品，主要原因就是世界观的缺失。西方文化在中国经历了近百年时间，仍未形成一些本土化的学术流变，更不敢妄谈师承传统。

闲暇时间，每一次回到老家成都，我都会去看看金沙遗址博物馆。馆藏的各种展品常常令我驻足神思。虽然从20世纪七八十年代已经停止新的挖掘，但每次去都会听见一些四川话口音的年轻人在问："这是我们本地挖出来的？怎么之前都没见过？这些都是干什么用的？"每当听到类似的话题，我都不禁思索：生养了千百年居民的本土文化是旧是新？如果我们将对未知的探索都定义为新的话，那么这些出土的文物无疑对他们都是新兴事物！中国古今人内在沟通相同的是性灵，差异只在于外在之术。历史是过去的社会，社会是现在的历史。过去的历史还存在现在的社会，现在的社会又从过去历史里来。今天的现实就是明天的历史，我们的创作若想超越现实而至未来，没有昨天的积累怎么能行？不了解过去，无法揣测未来，也就只剩下孤零零、单薄的现实社会。我常想，一部理想的关于中西文化领域的书籍，必然该以这中西民族的全部文化史来作背景，而后可以说明此一部书籍之内在精神。反过来讲，若真是有一部够理想的书籍，真能胜任而愉快，在这里面，也必然可以透露出这些民族的全部文化的内在真义来。因于言为心声，好的作品均出于性灵，而任何一民族的文化业绩，其内在基础，则必然建筑在此一民族之性灵深处。

　　所以，只有历史与社会的真正重合，才能产生文化。当下，不同文化之间的体用问题，势必会成为决定中国文化复兴成功与否的决定因素。据生物学原理："个体发生Ontogeny本是系统发生Phylogeny的一个重演。"先哲们将佛学简化成了禅宗，五经简化成了四书。形既有之，神亦宜然。故中国文化的未来从中华民族前世今生的历史、社会变迁上即可看个大概。我之一点观点仅仅是这变迁中的沧海一粟。故对未来中西方文化碰撞的思索也不因本书的结束而终止。本书中的讨论或许需要很长一段时间才能得到历史的检验。但虽异地有变，异时有变，人之一心则只在此方寸间。举世人之心，大体亦约略相同，俨如一心。上下三四千年间，古今人心亦如此。本书之根据把捉，即在此心！故可以畅言天下事，畅言数十年百年间事，而仍在吾胸之方寸间。中国文化之所以可大可久者正在此。人不能自见己心，而此心之在外，则犹镜可鉴。本书不啻如一镜。诚由天生，明再后起。诚则明，为先知先觉；明则诚，为后知后觉。我只希望以此抛砖引玉，对他日有志深思此一问题的学者提供借鉴，也为我将来的思索再度起航。

"研究义理之精微，辨析古今之同异，原心于杪忽，较理于分寸，以积累为工，以涵养为主，晬面盎背，则亮于诸儒诚有愧焉。至于堂堂之阵，正正之旗，风雨雷云，交发而并至，龙蛇虎豹，变见而出没，推倒一世之智勇，开拓万古之心胸，自谓差有一日之长。"我们借鉴、参考古人的历史，并不是要用古人的经验来约束或者评论现在的情况，而是要在古人的基础上发展，尽为未来世界导向的责任。在此，我引宋儒陈因的一首诗作为引言的结尾："乾坤固未坏，杞人已哀鸣。虽知无所济，安敢遂忘情？"本书或详人之所略，略人之所详，知我罪我，全在读者。

雅

谈巾画

Part.1

论圣与神

（一）

印度佛学中，释迦牟尼（Sakyamuni）为印度迦昆罗卫（Kapilavustu）国白净王之子，取名牟尼，意为圣者，寂默；德意志之倭铿，倡内道之说，以此求人生之真，谓此真性命（Geisteslebens），实至高至圣者；美国之罗爱斯（Josiah Royce）谓世界本原为精神，且无穷至圣；康德之说虽不尽是，而神圣之论，言乾坤所以不熄者，以有求仁意志（Withille Zum Guten）在也。此说皆从诸国宗教中来，旬难心论之极致，似乎神与圣常合二为一。

但中国人却常把神与圣分开来讲。魏鹤山称《伊川击壤集》："凡历乎吾前，皇帝王霸之兴替，春秋冬夏之代谢，阴阳五行之变化，风雷雨露之霁暐，山川草木之荣悴，惟意所驱，周流贯彻，融液摆落，盖左右逢源，略无毫发凝滞倚着之意，真所谓风流人豪者欤！使得从游于舞雩之下，浴沂咏归，毋宁使曾晰独见称于圣人。"其谓圣人乃风流人豪者。程叔子曰："圣人本天，释氏本心。"季时为添一语："众人本形"，明辨圣、神、人三者不同。王夫之注《养生论》曰："形，寓也，宾也；心知寓神以驰，役也；皆为生之有而非生之主也"，以心、神二者同为形之统领。邵雍《皇极经世》云："神无方而性有质"，论性与神之有别。欧阳修《易童子问卷一》曰：

13

圣人急于人事者也。天人之际罕言焉，惟《谦》之《象》略具其说矣。圣人，人也，知人而已。天地鬼神不可知，故推其迹；人可知者，故直言其情。以人之情而推天地鬼神之迹，无以异也。然则修吾人事而已，人事修，则与天地鬼神合矣。

而黄干《复李贯之兵部》尤为精辟：

诸人讲论祭祀鬼神一段，此盖疑于祖考已亡，一祭祀之顷，虽是聚己之精神，如何便得祖考来格？虽是祖考之气已散，而天地之间，公共之气尚在，亦如何便凑合得其为之祖考而祭之也？故味道兄为说，以为只是祭己之精神，如此则三日斋，七日戒，自坐而享之，以为祖考来格，可乎？果尔，则鬼神之义，亦甚粗浅，而圣人常谨言之，何邪？古人奉先追远之谊至重，生而尽孝，则此身此心，无一念不在其亲。及亲之殁也，升屋而号，设重以祭，则祖考之精神魂魄，亦不至于遽散；朝夕之奠，悲慕之情，自有相为感通而不离者。及其岁月既远，若未易格，则祖考之气虽散，而所以为祖考之气，未尝不流行于天地之间；祖考之精神虽亡，而吾所受之精神，即祖考之精神，以吾受祖考之精神，而交于所以为祖考之气，神气交感，则洋洋然在其上、在其左右者，盖有必然而不能无者矣。学者但知世间可言可见之理。而称幽冥难晓，则一切以为不可信，是以其说率不能合于圣贤之意也。盖尝以琴观之，《南风》之奏，今不复见矣，而丝桐则世常有也，抚之以指，则其声铿然矣。谓声为在丝桐邪？置丝桐而不抚之以指，则寂然而无声。谓声为在指邪？然非丝桐，则指虽屡动，而不能以自鸣也。指自指也，丝桐自丝桐也，一搏拊而其声自应。向使此心和平仁厚，真与天地同意，则《南风》之奏，亦何异于舜之乐哉！今乃以为但聚己之精神而祭之，便是祖考来格，则是舍丝桐而求声于指也，可乎？

可见中西方对神和圣的理解自有区别。

西方人常说，浮士德精神是一种无限向前、永不满足之精神，人的生活，总要不满意他的现实，总要超出他的现实而别有所想望。因此便不免要不满他自己。人和人的现实，大体相差不甚远，不满他自己，同时就要不满意别

源流
中西文化論談

人。不满意自己，又不满意别人，那便同时不满意到人类的全体了。不满意人类的全体，但同时又跳不出人类的全体，而别有所想望，于是便有所谓神与圣者出现在人们的心里。神与圣只是一种超人的思想，而同时又是一种不离人生的想望。神与圣皆是超人生而不离人生者，但中间也有别。神是非人间的，圣则是人间的。神是超人间而投入于人间的，圣是人间的而又是超出于人间的。换言之，就人而言，神应该是非自身的，超越的，绝对的。圣则是内在的、相对的，即自身而存在的。在人生中间确曾有过圣，但亦确没有过神。神是纯想象、纯理论的，而圣则是经验的、实际的。纵然其间多少也有些人类的想象参加了。但神是在纯想象的底子上而涂抹上人生的实际经验，圣则是在人生实际经验上而涂抹上的想象。西方独断派之形而上学家好问"何以""何从"，不知何以之意等于"以何因缘"，而空间时间之外，安得有因果？人类之智灵既不能离因果律，则此等超乎时间空间以外之事安得而知？欲解此等问题，不异以莛撞钟。万物之本质，非但超乎吾人智识之外，虽有圣人亦不得知，斯实无知觉又不可知觉者也。（详《Die welt als wille and Vorstellung.》Kap L）若诸位不肯信，那则是道在尔而求诸远，只有入深山禅院中去，始可成佛。只有枕经藉史、博古通今，始可作圣。既不是人人可能，亦即非中庸之道。因此，圣与神，也可说是分数上的不同，同时也可说是性质上的不同。有些人想象人神合一，有些人想象人人皆可以为尧舜，人人皆可成佛。圣人与我同类，即身即佛，是崇圣者的理论。圣人与普通人之间的距离看似甚大，其实甚微；普通人与禽兽之间的距离看似甚微，其实很大。

（二）

中国人容易接受佛教，是因为一个神灵的"灵"字。"灵"在宗教中化为了神灵，而在生活艺术中则化为性灵。一个"灵"字即唯物冥顽不灵之处。文学境界，常在求得对方之爱；宗教境界，在求得神之爱；道德境界则在我心之爱。道德之爱最基础，但境界也最高。中国人并非不接受宗教信仰，但要其宗教信仰不与整个文化道德系统之主要精神相违戾。圣人亦是从人生大群中而来，故荀子性恶说在此难通，不能成文化大统中的主流；墨子在神、君、人中选择了"天鬼""兼爱"，违背人之常情，违反了中国由家族情感过渡至人道观念的习惯；耶稣教主人生罪恶，绝不能说人人可成耶稣，又绝不许人祭祀祖先，崇拜圣贤，遂与中国传统文化格格不相入，所以耶稣教来中国三四百年，亦仍难在中国风俗中流行，在文化里生根。

但是，中国人也信有天，在中国人的原始信仰中，这个"天"和耶教回教所信仰的"上帝"差不多。屈原赋二十五篇云：太一，神名，天之尊神；少司命主人子嗣，大司命主人生死；东君，日神，河伯，黄河之神；无主之鬼，谓之伤。不过随着历史演变，中国人常把"天""地"连在一起，便和现代科学只认为是一"自然"的讲法差不多。就中国人观念讲，天地是一自然，有物性，同时也有神性。天地是一神，但同时也具物性。天地生万物，此世界中之万物虽各具物性，但也有神性，而人类尤然。此世界是物而神，神而物的。非唯物，亦非无神。在中国人观念里，"神"的世界与"人"的世界非常密切，亦可说"天人合一"，即是我们最高信仰。"文化与自然合一"即是我们的终极理想。中国人称"神"又称"灵"，动物中龙、凤、龟、麟，称"四灵"。龟为其能寿，中国人便也封它为灵了。活时称灵死后应可称神。物各有灵，故物各可以为神。人为万物之灵，那么人死后得为神更属自然。其灵何在？灵便灵在"性"上。性由天赋，故灵由天得，神由天成。中国人观念中，此大自然之流体，便具有一最高"性灵"。物各有性，所以物各有灵。能发挥此灵性之最高而对此自然界有最大功德者，中国人便称之为"神"。

所以中国人的"神"，还是在这一世界中，上帝也是在这一世界上，其他日月、星宿、河岳、山川诸神，也都在此一世界上。诸神之等级，则由其所蕴之"灵性"与其所显之"功德"来分。神应该是全体主义的，而圣则是人本主义的。中国人常说，万物一太极，物物一太极。圣即是物物一太极，在物物一太极之上，而建立起一个万物一太极来。这是由人而上通于天的。物物一太极，这个太极也是可以成为现实的。神则是要求万物没入一太极中，而万物尽失其存在，而其实这一个太极，由人本主义者看来，也不免要成为一个虚无的。主张泛神论者，可说把万物一太极降入万物之中，而成物物一太极了。

16

如是则木石瓦砾、粪秽臭腐，莫非神圣，如是则神虽是绝对的，而泛神论者反而视神为平等的了。圣虽是相对的，而崇圣论者却转而认为圣人与人之间有阶级了。神造物，又造人，因此人与物在神之面前，应该是没有地位，没有权力的。圣则是由人自做而成。人自己做成圣，无论性善论者性恶论者都如此般主张，所以说崇圣论者是人本主义的。崇圣论的终极主义，一定要说成人皆可以为尧舜，人皆可以为禹，人人皆可成佛，那时则是一个圣世了。但圣世与神国又不同，神国须把现世倒转到创造者那边去，圣世则即在现世上建造，依然是一现世。换言之，神国在天上，圣世在地下。神国在以往，圣世在将来。或者说神国在外，圣世在己。由神而圣，这一点周子作《太极图》，以为圣人主静主人极已有启示（图1）。圣学率性，禅学除情，在中国古人观念中，不啻以一大圣大贤为人类大群之代表。故"尊圣""尊贤"，即是"尊众""尊群"。尊重人类，亦是尊重天意之一种表示。

一、无极而太极	二、阴阳配合，阳动阴静	三、五行定位，各其一性	四、乾道男，乾道女	五、化失万物
纯正哲学，论宇宙万物生成顺序，由万物而上推五行阴阳，以建立绝对的本体太极		实践哲学，论万事万物变化无穷，由万事万物而上推于五性形神，以建立"惟人得其秀而最灵"的人数		
		↓ 圣人可学而至的理论依据		

图1 《太极图说》

西方用以脱离宗教的唯心论，始终离不开宇宙心，而非人本位之文化心。中国文化因道德精神而无此忧虑。宇宙心与文化心之对接，这是西方文化的问题。西方人认为，若使人类没有一张能说话的嘴，纵使有两双手，纵使能创出无限无尽的生产工具，但却决然生不出上帝观念来。无论这一个上帝观念，在自然科学中能否有它客观真实的存在，但在人文科学中，即历史科学中，则已有人类历史本身为证。它已是绝对存在的，断无疑义的。神不仅创造了人类，而且创造了整个的宇宙。人类在神的面前，固是地位低微，而人在自然界中的地位，在尚神论者的意想中，也不见得特别伟大与重要。因此，尚神论者必然会注意到人类以外的世界与万物。所以自然神论泛神论等，都是尚神论的题中应有之义了。如是则神学一转身便走上了自然科学的路。

西方中古时期对理想神世界的无限追求，由灵返肉，转换成了文艺复兴时期对现实人世界无限追求（图2）。从文艺复兴之后的西方文化三核心大致可归于"宗教的""人生的""科学的"。其偏颇处在于第二核心"人生的"，此人类为现实的肉体人生，而忽略了历史、文化、群体、文化长期积累的历史人生，科学与宗教同样超越了人生，属形而上学，而人生又没能从中调和，遂使其文化与中国"历史文化群体长期人生"截然不同。中国文化中的一个"圣"字直视当下有限个人非宗教性，而是历史性，无由灵返肉的文艺复兴，只有历史人生无限向前追求的坚强意志。

| 西方中古时期
对理想神世界的无限追求
唯神 | 转变
由灵返肉　→ | 西方文艺复兴时期
对现实人世界无限追求
唯物 |

图2

（三）

所以，中国人言圣则是由人类自身创造完成的，而且圣是在人类社会中而完成其为圣的地位的。"子不语怪力乱神"，西方人将侧重点放在了怪力乱神之上，而中国人则放在了"子"上。犹太人之上帝是神，希腊人之宙斯是神，只有中国开天辟地的盘古由人而化（图3）。中国人不想将心寄托于本体之外用功，即便有怪力乱神，也属于天道，对一般人，只需闻夫子之教而求人道，妄

犹太人	希腊人	中国人
上帝	宙斯	盘古
神	神	人

图3

求天道则失之虚空。敬鬼神而远之，即是要求人不寄托于外。鬼神近于先祖，心中虽有信仰，但信仰是反作用于自身，求己而非求人。中国是以道德精神来洗炼了宗教信仰，并非由宗教信仰来建立道德根据。王安石《大人论》言：

> 孟子曰："充实而有光辉之谓大，大而化之之谓圣，圣而不可知之之谓神。"此三者，皆圣人之名。由其道而言谓之神，由其德而言谓之圣，由其事而言谓之大人。道存乎寂寞不可见之闻，苟存乎人，则所谓德也。是以人之道虽神，不得以之虚无，神自名，名乎德而已。夫神虽至矣，不圣则不显。圣虽显矣，大则不可不形。称其事业以大人，则其道之为神，德之为圣可知。故神之所为，当在乎盛德大业。德则所谓圣，业则所谓大也。世人以为德业之弊不足以为道，道之至，在乎神尔，于是弃德业而不为，夫为君子者，皆弃德业而不为，则万物得主乎？故曰："神非圣不显，圣非大而不形。此天地之大，以古人之全体也。"

中国人有"敬天"之礼，行礼之"主"仍在"己"；所敬之"天"亦为宾、为客，非得为礼之主。孔子曰："祭神如神在，吾不与祭如不祭。"则天之高明，地之广大，亦由我之一己之心为之主。但圣和自然万物之关系疏，和人类自身的关系密。因此崇圣论者的目光，也便不免要常常固滞在人文圈子里面。原始佛教，本来应是一个祈求出世的宗教，如是则依然面向着自然，依然不失其探讨自然的热忱。阮元《研经室一集》言："两汉经学，所以当遵行者，为其去圣贤最近，而二氏之说，尚未起也。"佛教一到了中国，出世的意味转淡，台贤禅净中的佛菩萨，便和中国社会的圣人益发接近了。

华严一宗中理智交契，彼此冥合，便是毗卢遮那佛；一佛二菩萨，称为华严三圣，毗为"遍"义，卢遮那为"照"义；佛以身智无碍光明，遍照事理无碍法界，便是《华严》一经的经义。佛家的眼光心血转向到人圈子里来，中国高僧们的终极想望，其实只不过要做一个中国化的西方圣人，即是一个寄迹于人圈子里而闪身在人事外面的新圣人。这便成为佛教之中国化。道家非圣无神，他们则在想做一出世的仙人。仙人只想跳出人世间，但并不想跳出自然界。圣之时者与圣之常者，此即儒道二家之区别。《世说新语》言："阮宣子有令闻，太尉主夷甫见而问曰：'老庄与圣教同异？'对曰：'将无同。'太尉善其言，辟之为掾，世谓'三语掾'。"——这是神、圣之同。向秀儒道论和《世说新语》所载王弼与裴微问答，论圣人以"无"为体，但不可以训，致言必及"有"。而庄老亦未免于"有"，但恒训其所不足——这是神、圣合。裴𬱟《崇有论》论："至无者无以乱生，有遗而无方；济有者皆有也。""虚无"无益于已有之群生——这是神、圣离。葛洪《抱朴子》内外篇，内道而外儒——这是神、圣异。似乎在中国人的想象中，自然界之外，或自然界之上，好像再没有别一世界了，好像再没有别一种东西像神之存在了。因此中国社会一向所崇奉之神，其实仍是由人类转变为神的。朱熹的至圣说言："圣贤只是做得人当为的事尽，今做到圣贤，只是恰好，又不是过外。"横渠的变化气质说言："为学大益，在自求变化气质。不尔皆为人之弊，卒无所发明，不得见圣人之奥。" 钱德洪讲："天地万物之变化非变化也，由吾心神明之，斯有变化也。然而天地也，万物也，非吾心则弗灵矣。""一人之思虑变化若是矣，凡天下之有心知者同是神明也。"圣希天，贤希圣，士希贤。只人心之同然者，是天、是理，得此则便是圣。凡未得人心之同然者，是人，是欲，是俗。求之于心者，所以求心之圣。求之于圣者，所以求圣之心。圣者先得此心之固然，故尽心必证于圣人。圣人不空生，必有所制，以显天心。中国人心中所想象之神和仙，其实也都还是人呀！这里要说到神秘主义，此在东西双方，也各有不同。东方的神秘主义特别在其观心法，使己心沉潜而直达于绝对之域，把小我的心象泯失去了，好让宇宙万有平等入己心中来。西方神秘主义则不同，他们要把全能无限的神作为对象，舍弃自己人格，而求神惠降临，摄己归神，进入于无限，此乃双方之不同。因此东方神秘主义不过扩大了一己的心灵，泯弃小我，而仍在此人世界之内。西方神秘主义则转入到整个世界以外之另一界。换言之，东方神秘主义乃是依于自力而完成其为一圣者，西方神秘主义，则是依于外力而获得了神性。我们常说圣人之一生，也非百分之百尽入一至善的地位。但我们既说这个世界上有善，即不能说没有一"至善"。有善便有恶，我们不能说这世界上没有恶，便也不能说没有一"至恶"。像耶教、佛教，似乎都看在两极端上，我们则亦要把握着此两极端，而主要运用则在此两极端之中间过程上。此一中间过程，既非至善，亦非至恶。

甚至有些善恶难辨。你认为是善，我认为是恶。此等处亦会常常遇到。所以佛教、耶教所讲，似乎偏在高明处，而中国人所讲，则偏在中庸处。但抹去了其高明处，则中庸亦难见，故曰"极高明而道中庸"。

（四）

中国人认为性源于天，即"天性"。天性早在人心中，又可说从自己发出，故人合于天，不再见有另一地位给予神的存在。天之神近似于人之圣，人的心性情养到达了一定的妙处，即进阶为一种神。神气扬扬者，才子也。杜甫诗曰："文章有神"，又曰："下笔如有神。"《魏书·释老志》曰："澡雪心神。"皆是这个理，人的上面连着天，天的代表即是人。二者无间隔。"通天人之际，明古今之变，成一家之言。"可为此中国文艺作家之最高造诣。杜甫读万卷书即是深究自然，深究人性，深究历史文化之内在意义。读破了万卷书，然后能心明其意，把握到人类性情之最深最高境界。"下笔如有神"，即是文艺陶写不凭借哲学理论，不凭借历史考据，深入浅出，语语直透进人之脏腑，而把握到人心之间细微共鸣处。中国又有神怪小说，如《西游记》《封神榜》之类，但与西方以恐怖为神怪之终极者不同。至如《聊斋志异》中诸妖狐，则使人梦寐求之，欲得一亲而未得为憾。又如《白蛇传》，白蛇对其夫其子之爱，岂不更胜于人类？其遭遇挫折，尽人同情。虽属神怪，亦何恐怖之有。西方人于神话之恐怖题材外，又有冒险题材。中国亦有冒险题材，则出自侠义忠勇，又与西方不同。要之，西方文学恐怖、神怪、冒险多在外面自然界，给予人生以种种之压迫。而中国之神怪、冒险，则皆在人文界，使自然亦臻于人文化。其心理不同有如此。由此言之，尚神论者认为这一世界之上或外另有一世界，崇圣论者则认为只有这一个世界了。故自尚神论之演变而有哲学上之本体论，崇圣论者则至多只讲此世界有理性之存在，然此理性仍与西方人所想象之本体不同。

（五）

　　总之，尚神论者目光兴趣偏重在人类以外之自然界，而尤富于超现实的理想精神。崇圣论者，以人文为本位，而讲社会现实主义。《尚书》曰："圣之与圣也，犹规之相同，矩之相袭也。"欧阳修曰："圣人，人也，知人而已。" 李翱《复性书》曰："人之所以为圣人者，性也；人之所以惑其性者，情也。"思曰睿，睿作圣，才思便睿，以至作圣，亦是一个思。圣门之教，详于持养，略于体察。朱熹云："性不能不动，动则情矣，心主性情，故圣人教人以仁，所以传是心而妙性情之德。"学者欲为圣人，必须廓清心体，使纤翳不留，真性始见，方有操持涵养之地。涵养久，则喜怒哀乐自中节。《论语·子罕篇》记载：太宰问于子贡曰："夫子圣者与？何其多能也？"子贡曰："固天纵之将圣，又多能也。"子闻之，曰："太宰知我乎？吾少也贱，故多能鄙事。君子多乎哉？不多也。"由此可见，对第一个问题，子贡回答偏"天"，孔子回答偏"己"，第二个问题也同样，此中可见孔子与后代学者真正差别之端倪。故圣人之所以为圣，只是其心纯乎天理而无人欲之杂。犹精金之所以为精，但以其成然足而无铜铅之杂也。换句话言，崇神论者犹如对塔说相轮，崇圣论者则直入塔中，距相轮已近。

　　在西方神学弥漫的思想界，直到孔德提倡人道教，以及此后的现实哲学，才算渐渐有些处接近了东方精神。现在我们都把中国古人这一次序颠倒了，大家都要求知识，都要发挥自己一套思想理论，要做一个人中最难的立言者。以为不得已而思其次，才到社会上做事，去立功业。立德则被人人看轻了，认为没关系，不值得重视。人人"可能的"不重视，却重视那不可能的，实是颠倒了。唯其太看重了不是人人不可的，于是要向外面争条件、争环境，怨天尤人，而结果还是自己做不了主，徒生痛苦，增不满，怨天尤人。此实与中国文传传统背道而驰。把一切责任都推向环境，说环境不好，这也无奈何。人物有时扭转不过时代，孔子亦叹"道之不行而归之于天"，此处所谓"天"，实即指当时之历史时代，故孔子教人"知天命"。时代不可为，而圣人仍必有为，故曰"知其不可为而为之"。其不可为乃属于历史时代，乃天命。其仍必有为，乃属人之使命，亦仍是天命。人事无必然，此即历史之不能有必然；而天理则有必然。即使是一圣人，遵天行道，终不能要外面没有不可知之事来相扰，故曰"尽人事"，尽其在我之可知，留其不可知以待之天。当知常然中有理，偶然中亦有理。"虽天地之大，人犹有所憾"，唯其如此，所以此道无世境，永不能满足，但又要人人当下即得一满足。此一满足，乃是我们行道之第一步。此一步，即已是人生的最高境界。人要能从此一步不息不已永远向前，虽定人人能做却谁也不能一刻不倒。虽是谁也懂得当下谁如何做，但又谁也不晓得永远无穷之将来又如何做得尽。在永远无穷之将来以后，还有一永远无穷之将来。则此永远无穷之将来，也将如今日般，人人可以起步，但谁也不得停步。所以中庸之道是悠远的，博大的高明的，人人能知能行，而又有圣人所不知不能者存在其间。此道之所以可久可大，则正在此。

中西方历史与宗教

（一）

历史是过去的社会；社会是现在的历史。而且过去的历史还存在现在的社会上，现在的社会又从过去历史里来。就自然界演进的现象来说，好像应该是先有了人生，然后有历史。希腊哲人文学艺术造诣虽高，但却往往从个人人生直透入宇宙万物，忽略了中间的大群人生，对政治没安排好。希腊晚期，哲人如亚里士多德、苏格拉底、柏拉图等虽开始注意讨论立国之本，但成就落于虚空，终无太大影响，希腊文化就此夭折。后起的犹太文化虽用宗教将人生分为了现世与来世，但其宗教的大群性正好弥补了希腊文化的个人性。

文化是多方面的一大群人生。如果我们将中国人人生加以分割，就会发现中国人人生如文化一般可以分为物世界、人世界、心世界。心世界囊括了人世界，亦囊括了物世界，但三种世界相互包容（图1）。物世界中有小我人生、物质人生，人世界中又有大群人生和社会人生，心世界中则有历史人生与精神人生。中国人的道德理论之最后根据在人性，不在上帝。而中国人所观察的人性演变，只就人文历史上进展上着眼，不就未有人类以前立论（图2）。而西方人生与文化三核心大致可归于"宗教的""人生的""科学的"。西方人自始即有真、善、美之三观，循至宗教、科学、艺术各各分道扬镳，互不相顾。宗教、科学，一者源自于神，一者源自于自然，前者无可证，后者属客观真理，都与时下现世人生无关，故时政与教学相分离，而人道则转需建立在法律上，法律又需建立在权力上，权力又妨碍了人性尊严，于是需要有个人自由之争取。而"个人"与社会亦遂划分为二。上帝观念已与自然科学不相容，人身自身的历史文化，却又降落而变质（无文化根源）成为一种外在的自然。于是近代西欧文化，若非走入唯物论，把人类本身也浸没入自然物质中去，则只有个人体会现实生活之原始强烈要求。这正为日耳曼新兴民族所内心真经验者，遂成为近代西欧文化之一切主要源泉。其偏颇处在于第二核心"人生的"，此人类为现实的肉体人生，而忽略了历史、文化、群体、文化长期积累的历史人生，科学与宗教同样超越了人生，属形而上学，而人生又没能从中调和。因此必先以人文科学为主，自然科学始有规范、始有方向、始有意义、始有价值。西方文化之缺点，只在先从宗教与科学上来求解决人生；中国文化之长处，正在由人生问题上来建立宗教与科学。穆勒说："个人自由应以不侵犯别人的自由为界限"，若用中国观念来纠正，应该说："个人只有在投入历史文化群体的长期人性之动进的大道中，而始获得其自由。离却群体长期人生之大道的动进，别无个人自由可信。" 换句话讲，时代人物只为一时之功名利禄，而历史人物则为一精神，时代人物有成有败，历史人物无败唯胜，西方历史人物少，而时代人物多，遂使其文化与中国"历史文化群体长期人生"截然不同。

雅谈中西

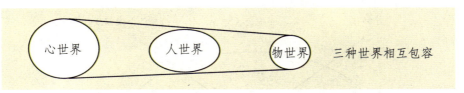

心世界　　人世界　　物世界　　三种世界相互包容

图1

人生分剖	把多方面人生加以分类	物质、自然、经济的人生，物世界	小我人生	循序前进	生存性，斗争
			物质人生		
	把长时期人生加以分段	社会、政治、集团的人生，人世界	大群人生		安乐性，组织
			社会人生		
		精神、心灵的人生，心世界	历史人生		崇高性，融合
			精神人生		

图2

若我们再扩大范围，用科学、经济、政治、道德、宗教、艺术、文学将文化分为出世与入世两者（图3），则印度文化可由艺术、文学、宗教构成，其宗教较之于中国，实属求之于外，求之于神的，故印度文化偏向于出世的、内倾的心的人生；欧洲文化由科学、经济、宗教构成，偏向于出世的、外倾的物的人生；而中国文化由道德、政治、文学与艺术构成，以道德精神来洗炼了宗教信仰，并非由宗教信仰来建立道德根据，实属偏向于入世的、内倾的心的人生。所以在中国"尽性"之学，便是"知命"之学，也便是"知天"之学。中国人有"敬天"之礼，行礼之"主"仍在"己"；所敬之"天"亦为"宾"、为客，非得为礼之主。礼治的源头在于宗教，宗教被政治吸收而产生礼治，法律被政治吸收而产生法治。商周时期的祭祖敬天，只能让皇室祭天，即已有此意味。夏商周时期的"上帝"不针对于个人，而是只关注于大群，所以中国的政治、宗教、道德很早便有趋向同一的趋势，属于一种大群教义，而非小我教义，性善论由此而发。因为社会大群无所谓罪恶。"性"是指大群共通性，而非小我个别性。大群的人生无所谓出世入世，而是囊括了宇宙全体的人生，所以中国宗教常给人以现世的感觉，而此现世感非只着眼于百前尘世，而是通过打通人生与宇宙，成为一种浑全一体。在现实生活中，宇宙人生融在了一起，也即是"天人合一"。

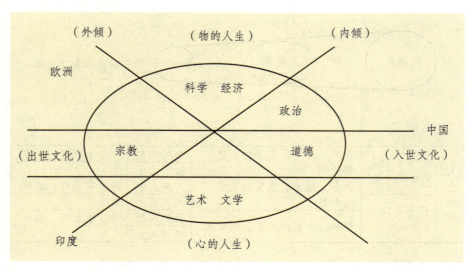

图3

28

上下相通，所以中国人的人生观即是宇宙观也即是宗教观，儒家思想便是由此入手，由人道观念打通宗教观念。若把中国儒家看为宗教，则儒家是入世的，以实际人生政治为生命的，而西方教会则是出世的，是不需闻人生政治的。所以我们很难说其只是人生教义或宗教教义，而是两皆有之。孔子曰："祭神如神在，吾不与祭如不祭。"则天之高明，地之广大，由我之一己之心为之主。如此则人文与自然科学与宗教，在同一的观念上，紧密联结了，亲密融合了。其主要关键，则在先尽人之性，来作一主动之核心。否则，若不先研究人性，那又如何来安排物，如何来指导物？

（二）

所以反过来讲，无论哪一种文化，就人生演进的立场来讲，又应该是先有了历史，然后始有个人的人生。生命的真意义要在历史上获得，历史的规律性有时在短时间内不能看清，而需要在长时间内大开眼界才看得出来。天下万变，唯式不变。"本我"能从千百年之历史中，找到无数个"他我"，择善固执之，本"我"虽未变，于外人眼中却常变。于一个人而言，时间的绵延形成生命，于国而言，时间的绵延形成文化，故文化一定不只是一个时间段的平面，而是历史的立体面，要谈文化，不说历史是不可能的。极明白的，孔子不能产生在印度，释迦不能产生在中国，双方历史不同，因而双方的个人人生也不同。同样理由，可以说并不是先有了哲学，乃始产出哲学史。实在是先有了哲学史，然后始产出哲学的。任何一个哲学家的哲学，莫非由哲学史而产生。若不先明白向上一段的哲学史，你将无法明白他的哲学之来源，乃至其哲学中之一切意义。

近代西方哲学思想体系大致分为三体系：一、由宗教移形换位而来的形而上学，包括了康德纯粹理性批判、黑格尔历史哲学、叔本华生活意志与悲观哲学、尼采权力意志与超人哲学；二、由文艺复兴"由灵返肉"而来的人之观念（图4），包括了卢梭天赋人权说、达尔文生物进化论、马克思唯物史观、克鲁泡特金互助论；三、由近代自然科学而产生的"无灵魂的心理学"。灵魂和心的观念之分歧，实在是东西双方一切关于宇宙论乃至人生论的种种分歧之起点。心理学在西方分两大流，都主"无灵魂""科学的"，一为巴甫洛夫，一为弗洛伊德。巴甫洛夫的心理学实际是一种生理学，一种训练，往后极端至希特勒；弗洛伊德的心理单是一种不自觉、不自主的心理学，是一种悲观主义心理学，生理或心理的条件性反射称为本能，而非"性"，这些也正是心理学与中国"心性学"之分。心由身而产生，不能脱离了身而独立存在有一个心。灵魂则是肉体以外之另一东西，来投入肉体中，又可脱离肉体而去。西方哲学史大体可说是一部灵魂学史，至少是从灵魂学开始。东方哲学史大体是一部心灵学史，至少是从心理学开始。

西方中古时期 对理想神世界的无限追求 唯神	转变 由灵返肉 →	西方文艺复兴时期 对现实人世界无限追求 唯物

图4

在中国，一种思想，只要真能鞭辟入里，真能笃实易简，到真人人易知易能的阶段，反身当下而即是，用不着对古圣贤古经籍传统再追求。这样的思想，便早是佛教中的禅学了，故说："洒扫应对，即是形而上。"这些话认真讲，便要讲到罗汝芳一套。然而一到认真如此讲，便是黄宗羲所谓"以赤手搏龙蛇"，可以什么也不要。不说我该如何做圣人，欲说圣人来做我。于是佛菩萨不得不让位给祖师们。此种精神，正即是佛教中禅宗的精神。佛教有了禅，佛教便快垮台了。理学中有了陆王心学，陆王心学中有了泰州学派，乃至于罗汝芳，易简笃更到极处，那也真成为圣学中之禅学了。汝芳讲学之著精神处，正在他不讲理，只讲事，而正在事上显出了理。所以禅宗兴起，同时便会有华严。华严讲"寻理圆融"，却要讲到"事事圆融"。必待讲到这里才如行人到了家。但行人到了家，也便无路可走了。佛学如此，宋、明理学也如此。明朝赵贞吉虽谓禅不足以害人者，云："夫谓灵觉明妙，禅者所有，而儒者所无。非灵觉明妙，则滞室昏愚，岂谓儒者必滞室昏愚而后为正学耶？"但朱子云：

"佛学至禅学而大坏。""熹旧时亦要无所不学,禅、道、文章、楚辞、诗、兵法。事事要学,一日,忽思之,曰:'且慢,我只一个浑身,如何让兼得许多'。"盖禅学至棒喝而又大坏,棒喝因嘱咐源流而又大坏。禅宗中分为二,曰如来禅,曰祖师禅。如来禅者,先儒所谓语上而遗下,弥近理而大乱真者;祖师禅者,纵横捭阖,纯以机巧小慧,牢笼出没其间,不啻远理而失真矣。假使达摩复来,必当折棒禁口,涂抹源流,而后佛道可兴。圣学率性,禅学除情,此毫离千里之辨。明儒到了后期,决不只如佛教禅宗祖师们,仅说运水木般柴是神通。他们还要说孝悌慈,要说仁恕一体。但所说内容尽相异,而我们仍不妨说他们是理学中的禅。许多人说陆王心学是禅,正为其早带有这样的精神。再追溯上去,程颢早带有这种精神了,甚至可说连孟子也有这一种精神。禅宗本是佛教传入中国后由中国人自己开创的新宗派。我们也可说,中国思想里,本带有这一种禅的意味呀!西方宗教本于信仰而不本于学,但中国有了书院讲学,研究学问就有地方去,不必到和尚寺。凡是一个贵族社会,把知识的大门关着,宗教就会大发展。到了学校公开,知识解放了,宗教势力就会撤退,这有一定的道理。因此中国思想不易在宗教与哲学上演进,这是中国思想一个特殊点。

西方宗教本于信仰而不本于学,西方哲学,中古以上不再论。即如近代大哲如德国之黑格尔,他主张一绝对精神,我们也可说它还是灵魂之变相。法国人亨利·柏格森,他偏要说生命在物质中创造,但他不肯说由物质创造出生命。生命的特征,既是创造,则生命即由创造开始,而演进,而完成。何以定要说另有一生命投入物质之中而始有创造的呢?这还不是一种灵魂思想之变形吗?

亨利有一次讲座,讲题是肉体与灵魂。他明说灵魂与肉体,意思就是说物质与精神。他认为灵魂依附在肉体上,恰似衣服挂在钉子上。在近代西方又有人说,生命在物质中呈现,正犹如无线电收音机收到了在天空飘过的乐声。那天空里飘过的乐声和那钉子上的衣服,其实都是一种灵魂的变相,把当前表现的,硬认为是原先存在的。东方思想的习惯并不如此。东方人说,鬼者归也,神者升也。务民之意,敬鬼神而远之,即是要求人不寄托于外。鬼神近于先祖，心中虽有信仰，但信仰是反作用于自身，求己而非求人，只有自己行动，才能获鬼神之助。子疾病，子路请祷，子曰："有诸？"子路对曰："有之，诔曰'祷尔于上下神祇'。"子曰："丘之祷早已。"孔子对鬼神之态度在于行敬而行己，事死先事生，对鬼神敬而远之。鬼只是已死的人在未死的人的心里残存下的一些记忆。那些记忆，日渐退淡消失。譬如行人，愈走愈远，音闻隔阔，而终于不知其所往。至于那些记忆，仍能在后人心里活泼呈现，非但不退淡，不消失，而且反加浓了，反更鲜明强烈地活跃了，那便不叫鬼而叫神。鬼是死后人格之暂时保存，这一种保存是不可久的，将会逐渐散失。神则是死后人格之继续扩大，他将洋洋乎如在其上，如在其左右，永远昭昭赫赫地在后人之心目中。湛若水曰：

> 虚者，心之所以生也。灵者，心之所以神也。吾常观吾心于有物之后矣，窒然而塞，愦然而昏。塞者，心之所以死也。昏者，心之所以物也。其虚焉灵焉，非由外来也，其本体也。其塞焉昏焉，非由内往也，欲蔽之也。其本体固在也。一朝而觉焉，蔽者彻，虚而灵者见矣。明蔽于云，非无日月也。鉴蔽于尘，非无明也。人心蔽于物，非无虚与灵也。心体物而不遗，无内外，无终始，无所放处，亦无所放时，其本体也。当其放于外，何者在内？当其放于前，何者在后？放者一心，求者又一心，以心求心，只益乱耳。况能有存邪？

钱德洪亦曰：

> 吾人与万物混处于天地之中，其能以宰乎天地万物者，非吾心乎？何也？天地万物有声矣，而为之辨其声者谁与？天地万物有色矣，而为之辨其色者谁与？天地万物有味也，而为之辨其味者谁与？天地万物有变化也，而神明其变化者谁与？是天地万物之声非声也，由吾心听之，斯有声也。天地万物之色非色，由吾心视，斯有色也。天地万物之味非味，由吾心尝，斯有味也。天地万物之变化非变化也，由吾心神明之，斯有变化也。然而天地也，万物也，非吾心则弗灵矣。吾心之灵毁，则声色味变化不可得而见矣。声色味变化不可见，则天地万物亦几乎息矣。故曰：人者，天地之心，万物之灵也。所以主宰乎天地万物者也。

心无主宰，静也不是功夫，动也不是功夫。静而无主，不是空了天性，便是昏了天性，此大本所以不立。动而无主，若不猖狂妄动，便是逐物徇私，此达道所以不行。已立后自能了当得万事，是有主也。如是则鬼神仍不过是现在人心目中的两种现象，并非先在的确有的另外的一物。

人有些是死了便完的，这些都该叫做鬼。原先没有此人，忽而此人生了，后来此人死了，重归于无，所以说鬼者归也。但有些人，他身虽死，他生前所作为，仍在后代留下作用，譬如是他依然活着一般。有些在他死后，他的作用更较生前活跃有力，这些便成为神了。神只是说他的人格之伸展与扩张。人死后如何他的人格还能伸展与扩张呢？正因他人虽死，而他生前的一切，依然保留在别人心里。既在别人心里，便不免要在别人心里起变化、起作用。那些变化与作用，便是他之所以为神，便是他人格在死后之不断伸展与扩张之具体表现。也有些人虽死了，而他生前却做了些坏事业，留下了坏影响，后代人虽心里讨厌他，要想取消他的所作所为，然而一时不可能，则他的人格岂不也是依然存在，而且有的还一样能伸展与扩张吗？只是其伸展扩张只在恶的一方面，在不讨人欢喜的一方面而已。那些则不能叫做神，只是一恶鬼。神可以继续存在，继续伸舒，一个恶鬼则终于要消灭。然则鬼神并不是外于人心而存在的。鬼神只存在于人之心里，因人心而消灭，也因人心而创造。在后代人心里逐渐消灭的为鬼，在后代人心里继续新生的是神。所以中国人的宇宙观是自然的、物质的，而中国人的历史观则是人文的、精神的。换言之，在自然的物质的宇宙里没有鬼与神，只在人文历史的精神界里有鬼与神。

理想可从书本上得来，如修、齐、平、治之理论，读了《大学》，即可获得此等理想与观念。我身非汝身，明日之我又与今日之我不同。历史只是人的记忆。记忆并非先在的，记忆只是一些先哲经验之遗存。人的经验都保留在记忆里，但有些记忆有用，有些记忆没用。有用的记忆时时会重上心头，时时会不断地再唤起。我唤起昨日之经验而使他重上心头来，那便是昨日之我之复活。若我一生的记忆，更没有一件值得重再唤起的，那则今天想不起昨天，明天想不起今天，天天活着，无异于天天死去，刻刻活着，无异于刻刻死去，其人既无人格可言，亦无生命可言，他虽生如死，名为人，而早已成为鬼了。若其一生经验，时时有值得重新唤起的价值，在今天要唤起昨天的我，在明天要唤起今天的我，那其人一生如一条纯钢，坚韧地交融成贯，再也切不断，这该是一种最理想的人格。他虽一样是个人，却已确具有神性。他死了，他的一生重在后代别人心里不断唤起。后世人时时再记忆到他，那他便成其为神了。

宋代程颢说"天理"二字是我自己体贴出来，而朱熹则要教人向外面天地万物去穷格；湛若水说："天理是一头脑"；陆象山则喜书"小习翼翼，昭事上帝，上帝监汝，毋二尔心，战战兢兢，哪有闲言时候"。中国社会正因为亘古提供一种教心，才会得以平衡。王守仁说："良知是一头脑，则反诸心而即获。"神的经验可以为别人所再经验，神的记忆可以为别人所再记忆。然而历史则决不再重演。人生刻刻翻新，所以任何一番记忆，多少必有些变化，任何一种经验，当其再经验时，也必然又成为一新经验，故说"所过者化，所存者神"。我们今天再记忆到孔子，再经验到孔子当日所经验，其实内容变了，决非真是孔子当日之所记忆与经验之原相，然而不妨其为是对于孔子之再记忆与再经验，这即是孔子之化，也即是孔子之神。饥而食，渴而饮，日出而作，日入而息，人人如此，千古如此，此亦是一种再记忆与再经验。然而无个性，无人格，这只是一种鬼相，只能循环绕圈子，回复原状，重新再来，所以只成其为鬼。这些则只是自然，只是物质生活。要在自然的物质生活中有创造有新生，才成为历史，才具有神性。

（三）

文化本是人造的，没有人，就没有文化；但文化也能回转来创造人。任何一种文化，其本身必然有一种内在的理想，而且也该有一种力量叫人随着此理想而发展，而成为此文化体系中所理想的一个人，此之谓"文化陶冶"。误解历史的，昧却历史中之神性，妄认鬼相为历史，以为凡属过去者则尽是历史。这譬犹普通人误解人生，妄认为凡属过去者全是我。其实我是生生不已的，事已过去而不复生生不息的只是鬼，只是已死之我。已死之我早已不是我，只是物质之化。自然之运，只有在过去中保留着不过去的，依然现在，能

36

有作用，而还将侵入未来的，那才始是我，始成为历史，始是神。历史和我和神，皆非先在，皆有待于今日及今日以下之继续创造与新生。

人要创造历史，先须认识历史。人要追求神，先须认识神。譬如人要建筑房屋，先须认识房屋，人要缝纫衣服，先须知道衣服。在未有房屋与衣服之前，已有房屋与衣服之前身。在未有历史与神之前，也已有历史与神之前身。今日之历史与神，也即是明日的历史与神之前身。所以有不断的记忆，始有不断的创造。有经验，始有新生，没有经验，便再没有新生。灵魂先经验而存在，神则是后经验而产生。经验到有神，便易再产出神。孔子为后代人再经验，便是孔子之复活，也是孔子之新生。耶稣之再经验，便是耶稣之复活与耶稣之新生。我们把历史再经验，也便使历史复活，使历史再生。常堕在鬼的经验中，不能有神的新生。照此理，下一期的世界文化之新生，必然将重来一次新的文艺复兴。让我们初作一个假说，据中国人的立场与目光而始为之假说，以前是由灵返肉，以后可能是由力返理。以前是宗教的、精神上的无限追求，个人权力意志的无限伸展，自然科学向外的无限征服，以后可能是"历史的""文化的""人文科学的""天人合一的"长期人生与宇宙的协调动进。只要人的内心能转换最核心的几个观念，几条信仰几种理论与欲望，那我们的文化不期然而然地能走上一条全新的道路。到那时，宗教与自然科学的对立，自然将消散无形，各对新创的人文本位的新文化继续发展它们应有而能尽的功效。到那时，东西文化各将超越它自己传统，而协调成一种世界的新文化。

佛教入门小谈

（一）

佛海无涯，惜余与佛缘分未到，虽有积累，而未实修。故只谈佛史而不谈真谛。佛智悲双行，悲属宗教，智属哲学。若有得益于苦集灭道者，对未来之艺术创作与人生实为一大幸事。不然，能知三火三明，明四大五蕴，离生死，归于常乐和我净，亦对人生不无裨益。闻道有先后，倘真能如此，仅以一家之言，供萤尾之见。

佛教传入中国已千余年，著述经典不计其数，其学术渊源各承其宗。但溯流源头皆在印度（图1）。释迦牟尼在恒河两岸传道四十九年，始自鹿野苑，终至拔提河。佛涅槃后五百年，印度只有小乘，分上座和大众两部，之后两派又分为二十部（派），是为小乘时代。从6世纪末，佛教进入马鸣时期；7世纪进入龙树提婆时期；9世纪进入无著世亲时期，佛教开始进入大乘。大小既分，遂产生护法、清辨有空之争；戒贤、智光性、相之论。

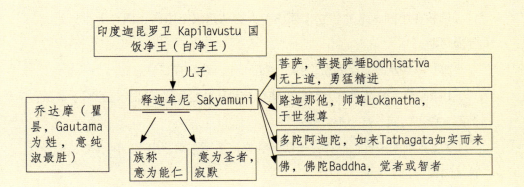

图1

魏晋南北至隋唐为我国佛教真正兴盛时期。此间佛教不同于后世，如元代只有一种宗教的迷信，而其所尊佛教亦别于汉魏中士佛教，实为西藏喇嘛教。据牟子《理惑论》《四十二章经序》的记载，汉平帝水明中遣使求法西域，此为我国公认佛教最先之传入。自姚兴迎鸠摩罗什，而北方佛法如日中天。罗什宏大乘经典，自此佛学在中国，乃始成一上下信仰的大宗教。继之佛教于魏晋兴盛，其因有二：一、佛法主依自力，不依他力，此与儒家尊崇人文历史同，而与道家、阴阳家儒家迷信不同；二、佛法主救世，不主出世。故其虽力主于个人心性中求光明，但亦求福祉于社会大群。此点与儒家于政体实际着手，貌异神是。故佛教在消极一面，与道家思想接近；积极一面则与儒家思想汇通。北朝以黄老始，继之以儒、阴阳，而成于佛；南朝以庄老、清谈始，亦成于佛。总的来说，魏晋南北朝是小乘佛学传泽吸收期，在经历了空宗、鸠摩罗什译三论，有宗、玄奘传窥基（法相宗，唯识宗）的大乘时期，最终进入隋唐天台、华严、禅三宗融通锐化期。

从魏晋而至隋唐，佛学三大宗发展见于下图：

天台	华严	禅宗
北齐慧文→南岳慧思→天台智顗→五祖灌顶→入祖在溪→九祖荆溪（中唐）	唐杜顺→三祖贤首→四祖澄观→五祖宗密	达摩→慧可→僧粲→道仓→弘忍→六祖慧能（唐武后至玄宗时）

图2

佛教在中国学术的建立（翻译）大约从东汉至中唐，历经七百年始成，分为两期。

第一时期从东汉至西晋，约二百五十年。此间有三事三支：

1.摄摩腾、竺法灵从天竺偕汉使蔡愔白马驮经，译《四十二章经》，放兰台石室第十四间，是小乘经典。

2.安息国太子安世高译三十四部经典，多属小乘，出于四阿含者（群译之首《高僧传》）为多。

3.昙摩罗刹，共译大小乘一百五十四部，第一期中能直译且译著最多者。

4.译事"三支"：支谶、支亮、支谦。

第二时期从东晋至隋，约二百七十年。

道安为此期开山。其虽不通梵文，但于译事影响极大，与弟子愚远在庐山设立般若台译场。

此间最要者为鸠摩罗什。罗什在此期间贡献最大，于长安逍遥园设译场。译员百余人，共译经律论九十四部，四百二十五卷。佛驮跋罗（觉贤，与释迦同祖）与鸠摩罗什共理译务。相比较，玄奘译数量比罗什多，罗什广度比玄奘广。旧译论罗什，新译必玄奘。昙无谶、鸠摩罗什、玄奘称三大哲。

僧伽跋澄（众现）、昙摩难提（法吾）、僧加提婆（众天）、昙摩耶舍（法明），将小乘教义几乎译完。后耶舍（佛陀耶舍）与竺佛念合译《四分律》四十七卷，为小乘律中最完备之书。竺法念治小学，通训诂，兼通梵文。拘那罗陀（真谛）译《大乘起信论》《唯识论》，为大乘输入关键，故亦称小玄奘。

另，法显为发现新大陆（墨西哥）第一人。（据法国《世界报》）

（二）

法轮转至中国，经此两期，分十三宗：一、成实宗；二、三论宗；三、涅槃宗；四、律宗；五、地论宗；六、净土宗；七、禅宗；八、俱舍宗；九、摄论宗；十、天台宗；十一、华严宗；十二、法相宗；十三、真言宗。其中，

涅槃并入天台，地论并入华严，摄论并入法相，故亦称十宗。俱舍和成实属小乘，法相和三论属权大乘，余属大乘。除真言宗，余九宗在两晋开始。除华严、法相，余七宗在两晋南北朝大盛。

小乘教中，俱舍宗以《四阿含经》（增一、中、长、杂）和世亲《俱舍论》为本。俱舍为音译，俱舍论即藏论。此论摄含法的胜义。此宗为有宗，以心静止的实体加以分析，由真谛译出，智𫖮作疏，此宗为法相宗入门。成实宗以河犁跋摩的《成实论》为本。成为成立，实为真实。即成立真实之论。此宗为空宗，以心为活动的连续非实体而分析。心空法空，心王心所，俱非实体。此论分二百二品，由鸠摩所立，为三论宗附属。

大乘教从始祖马鸣开始，传至龙树，性实，般若空，破"小乘有"的有执；传至无着、世亲兄弟，相有，妙有，破"恶趣空"的空执。

天台、华严两宗视三论、法相为权大乘教，即适宜机宜；视自身为实大乘教，即究竟不变。

三论宗（亦称四论宗）的发展见图3。该宗以鸠摩罗什译出的龙树《中论》《十二门论》《大智度论》，提婆《百论》为要义，讲究以空为绝对，非相对；空不可言说，亦不可理会；不生不灭，不断不常，不一不异，不去不来，即"人不中道"。

提婆 ——三传弟子——→ 鸠摩罗什 ——弟子——→ 道生、僧肇、道融、僧睿、昙影、慧

观、道恒、昙济（八杰）——陈梁之际——→ 吉藏（嘉祥大师，著《三论疏》，是三论宗的完成者）

图3

法相宗（亦称唯识宗、瑜伽宗）以《华严》《解深密》《瑜伽》等经阐扬"万法唯识"之旨。法相，即遣相证性，穷究万法性相；唯识，即转识成智，深明万法唯识。宇宙万有，皆是心底所造，心主心王。印度大乘传入中国，一是鸠摩罗什中观性宗，一是玄奘瑜伽相宗。由此转识成智分两径，一为

相唯识，即遣虚存实，舍滥留纯，摄末归本，隐劣显胜；二为性唯识，即遣相证性。其修行通过资粮位、加行位、通达位、修习位、研竟位诸法悟入唯识。此宗又分三时教：初时，有时教；第二时，空教；第三时，中道教。

"瑜伽"意译是"相应"，通常指"与行相应"或是"与理相应"。密宗称瑜伽宗，因为它主与行相应；相宗称瑜伽宗，因为它主与理相应。因此，瑜伽师便是指与行和与理相应的天人师而言。瑜伽"师地"指瑜伽师与行和理相应的境地而言。该宗共分八识，眼耳鼻舌身为感觉五识；心统五识而成第六识，即意识；心统前六识而有末那识。"末那"意为思量。我思故我在，于是为"执我"第七识；心统前七识而有阿赖耶识。阿赖耶译为含藏。心的本体含藏宇宙万有的种子，种子发生作用，连续思量，不断思量，发展为宇宙万有。这种作用便是第八识（图4）。

眼识				
耳识	感觉五识	意识，第六识	末那识，"执我"第七识	阿赖耶识，第八识
鼻识				
舌识				
身识				
意识				
末那识				
阿赖耶决				

图4

近代有熊十力创新唯识宗，皆从唯识转识成智而来（图5）。

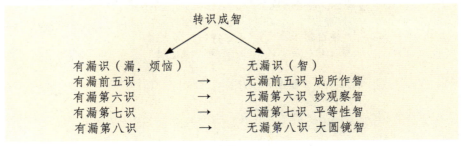

图5

天台宗，依《法华经》立宗，亦称法华宗。《法华经》详称《妙法莲华经》，莲华有两义：一、出水义，能使声闻缘觉两乘离出浊泥；二、开窍义，其胜义能开窍。《法华经》提出三乘（图6）归一之旨，要使二乘回小向大。又分五时八教（图7）。

声闻乘：闻佛声教，悟四谛理，得阿罗汉果
三乘　　缘觉乘：观生死轮回次第缘起，生空智，断烦恼，得辟支佛果
菩萨乘：广修六波罗密而上求佛果

图6

五时八教　　　五时：华严时，阿含时，方等时，般若时，法华涅槃时

八教：　化义四教：顿、渐、秘密、不定
　　　　化法四教：藏、通、别、圆
　　　　　　　　　　　↓
　　　　　　　权教　　实教

图7

华严宗之华严两字分开解。"华"为佛在因位，万行如华义；"严"为佛在果，法身庄严义。《华严经》，亦称《大方广佛华严经》。大方广言佛所证的法，佛言此法所证的人。此宗三圣（一佛二菩萨）为毗卢遮那佛（如来）、文殊、普贤（图8）。

文殊　　　　如来　　　普贤
深远义　　主智慧　　　　　主理　　广大义
　　　　　慧手　　　　　定手
般若义，般若自在　　　三昧义，三昧自在
　　　能出　　　　　　所入
　　　乘白象　　　　手持剑，驾青狮
　　智、慧、观　　　　理、定、止
　　　　↓　　　　　　　　↓
　能入（教法教理）　　所入（观心行果）

理智、定慧、止观

图8

44

华严、法藏的五教，大都受天台五时八教影响。在什么时对什么人说什么经教，这就是谈的教法和教理。华严法界三观又称华严心观，或华严行果，分直客观、理事无碍观、周遍含容观。周遍，即无所不在，无法不摄日含容；观全事之理，和全理之事，随理而一一可融，随事而一多无碍。

此宗主要有三论：马鸣《大乘起信论》，龙树《大不思议论》，世亲《华严十地论》。教义主要分五：一、小教，小乘教；二、始教，大乘初门之教，又分空始教、相始教；三、终教，大乘终极之教；四、顿教，速疾顿悟之教；五、圆教，圆融圆满之教，明事事无碍，一即一切，一切即一。皆万行兼通，法法平等之义。其五祖大致发展路线，如图9。

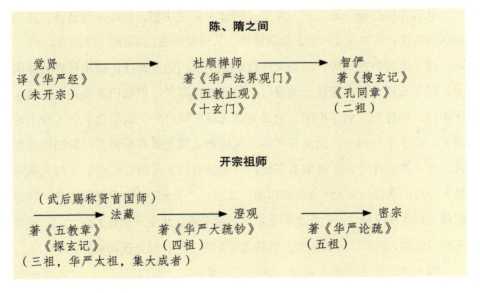

图9

（三）

天台、华严、法相，教下三家，称大乘妙谛。法华、华严称两一乘家，阐明一乘真实教法。天台、华严为中国佛教之精华。天台宗在印度无所承，在中国由智𫗱创立；华严亦在中国开宗，杜顺为开宗宗祖，贤首大成，为华严太祖。

禅宗，亦称教外别传（别传，意为一种直截了当的传授法门，以到达彼岸），分华严禅、台禅、禅净等。以不著语言，不立文字，直指本心，见性成佛为教义。与法相、天台、华严教下三家并称大乘上法。戒定慧三者，禅为定。禅宗自称宗门，称它宗为教门。其发展历史如图10。

```
达摩 ——→ 慧可→僧璨→道信→弘忍      南宗，主顿悟，慧能《金刚经》
初祖      二祖  三祖  四祖  五祖      北宗，主渐修，神秀《楞伽》
                                              六祖
```

图10

从五祖弘忍而分南北宗。北宗《楞伽》偏讲法相，从理入而渐修，从法相以明法性；南宗《金刚经》偏讲法性，从行而顿悟，从法性以扫法相。

净土宗为教内别传，以信受奉行的念佛法门，发愿往生极乐世界清净佛土。慧远在庐山结白莲社念佛修行，是此守口蒿矢，但法门未备；迄北魏永平年间，菩提流支到了中国，为昙鸾讲《观无量寿经》，昙鸾又作《净土论注》，此宗于是建立。唐贞观年间，善导著《观无量寿经疏》，发扬持名念佛之念，完成净土宗。该宗有三经：《无量寿经》《阿弥陀经》《观无量寿经》。我们常说的南无阿弥陀佛即源自此宗。"南无"指归向无量寿佛；阿弥陀佛为释迦佛化身之一，指光明无量，寿命无量。此宗开佛教大众之门，收摄不同根底的人最广。没有此宗，佛教将和老庄一样，只是谈玄说妙。

禅与净土在宋代水火不容。禅曰"念佛一句，漱口三日"，"若念一句佛，罚挑水洗禅堂"（《指目录》）。直至永明寿禅师提倡禅净双修"有禅有净土，犹如戴角虎"（《归元直指集》卷上，永明寿禅师《戒无证悟人匀轻净土》十一），方化解双方矛盾。

律宗以戒律为重，主戒行清净，定慧自生。在经律论三藏中，蔚然自成大国。它宗均依定慧立宗，唯律宗依戒律立宗。该宗律经分大小乘。大乘律为《梵纲经》（卢舍那佛说菩萨心地戒品第十）。梵纲是譬喻，以大梵天王的因陀罗网千重文采，无所障隔，比喻诸佛的教门，重重无尽，法身庄严，是一样的无所障隔。本与《华严经》同为华严部；小乘律有《十诵律》，为鸠摩罗什译出。有

《四分律》，为小乘律最完备的一部，由后耶舍与竺佛念所合译。隋开皇间，南山律师道宣以戒律为圆顿一乘之旨，非小乘专有，打开了律宗门户。唐律分相部法励、东塔怀素、南山道宣三家，《行事钞》《戒疏》《业疏》《释毗尼义钞》《毗丘尼钞》五大部。其中，南山道宣正式建立律宗，第一化教，谓如来教化众生定慧之教，经论所注定慧法门；第二制教，谓如来戒伤众生，制御其行为，律教所诠戒学法门。戒体便是心法。受戒之后对自己有种思量，能持戒不犯，渐次为善去恶，能引生第八识所摄藏的真净种子。

真言宗即密宗，真言即真实之语。与显宗相反。密宗不以言语立教，信奉昆卢遮那佛（大日如来）所说秘密大法，其《原人论》与之后道学立教有紧密关系；显宗以言语立教，信奉释迦牟尼所说种种经典。佛的法、化、报三身分别从密、显、净三宗而来（图11）。

佛法身：大日如来，密宗《大日经》，《金刚顶经》
佛化身：释迦牟尼，显宗
佛报身：阿弥陀佛，净土宗

图11

密宗开元三大士为善无畏、金刚智、不空。善无畏译《大日经》，言胎藏界曼荼罗（胎藏形容其未显现，胎藏界表示理，曼荼罗译为圆的擅场）；金刚智，摘译《金刚顶径》；不空，继之译完《金刚顶金》，集大成。金刚智、不空均言金刚界曼奈罗（金刚形容其坚固，金刚界表示智）。修法之人在秘密庄严的圆满足具的擅场中，以身口意三密加持于身口意三业之上，使身口意都入于不思议境界，能迅速转变第八识有漏种子而引本有无漏种子，此为密宗修持法门。仗自力修持有禅、律、唯识（包括具倍、成实）三宗；仗他力向上有净、密二宗；

自、他兼有为天台、华严二宗。

至此，佛学大小乘入门门径应可窥视一斑。若诸位还有不明处，可咨《弘明集》《广弘明集》两集。《弘明集》收录东汉以迄梁，有关佛法之文，为梁朝僧祐所撰。《广弘明集》为唐朝释道宣所撰，是前书续编。

人文与自然

（一）

在佛教中，法相宗以《华严》《解深密》《瑜伽》等阐扬"万法唯识"之旨。法相即是穷究万法性相，唯识即是深明万法唯识。两者合一意为宇宙万有，皆是心底所造，心主心王；叔本华《世唯识论》（Die welt als wille und Vorte lluny）亦云："物公子谓神主人曰：'唯我独在，我之外无他人，世界者我之形变也。汝实由我而生，且偶然而有者也。一刹那后汝将无有，唯我常住不灭也。'神主人答曰：'此无穷之宇宙，汝之所存，汝之所处，皆我之意象（Idea）耳。汝现于此，此实理解汝，汝实赖此以存。'"法相宗之法相唯识，与叔本华之所谓意志，即斯宾诺莎所谓本质（Substane），谢灵格所谓绝对。然又不似泛神论（Pantheism）认其为神，但视为无意识之适化大力而已。意志现于宇宙间，构成万有，然其自身又非空间时间律之主宰。人之智灵但知其陆续表现而已，意志之次第表现实于时间实依一定之律一定之型，此一定之型即柏拉图所谓意象（Idea）也。自人类以至于庶物皆由之而生，其超出空间时间永久不易亦犹意志，唯由此生之个体变化不息，这和物理上讲的天文不同。任何人若读过几本近代天文学理论，便不难想象宇宙之大。当你在黑夜里仰望天空，虽见千万星云，四围密集，但诸星之间辽阔的距离，是真够惊人的。太空中的群星，就如汪洋上海鸥或几星帆船。我们真可以说，宇宙间的空虚远大于了真实。虽然那些星群光芒四射，灿烂耀人，但我们也可说，宇宙间是黑暗远超过了光明。在宇宙间有太阳，在太阳系里有地球，在地球上万物中有了生命，在生命里有人类，人类在整个宇宙间的地位，实在太渺小了。譬如在大黑深夜，无边的旷野里有着一点微光，最多只照见了他近旁尺寸之地，稍远则全是漆黑，全是不可知。人类生命历程中所发出的这一点微光，譬喻得更恰当些，应该如萤火般，萤虽飞着前进，它的光则照耀在后面尾梢头。人类的知识，也只能知道已然的，凭此一些对于已然的知识与记忆，来奔向前程，奔向此无穷不可知之将来。你若太过注意到自然界去，正如行人在大黑深夜的旷野里，老把眼睛张望到无边的深黑中去，将会使你恐怖，使你惶惑。但有些人又太过看重他个人的生命，当知个人的生命依然是一个自然，一样的虚空胜过真实，黑暗胜过光明，一样在无边深黑中。人类的心戚，则偏要在虚空中觅真实，黑暗中寻光明，那只有在人类大群以往历史文化的累积里面去寻觅。这些经人类大群以往历史所累积着的文化遗产，我们称之曰人文，用来与自然对立。这是真实的、光明的，但这些也只是萤尾梢头的一点微光。人类以往生活中所积累的一些历史文化遗产，如何得与整个大自然界长宙广宇相抗衡、相并立。但就人而论，也只有这样，这是所谓人本位的意见。在中国传统见解里，自然界称为天，人文界称为人，中国人一面用人文来对抗天然，高抬人文来和天然并立，但一面却主张天人合一仍要双方调和融通，既不让自然来吞灭人文，也不想用人文来战胜自然。

中国的文化中，道家较于儒家、法家，更偏向于自然的一面。战国邹衍的阴阳五行说采于庄周"一气分阴阳"之道家，由当时新发现之金、木、水、火、土五行星而起，亦颇导源于孟子所谓"勿夺民时"之时令，为一种深具人本主义，且外适自然的本土宗教。但是孟子重人道，邹衍重天道。阴阳五行自有"神仙"混入之后，逐渐由严肃的一群体的宗教观念，变为一种个人的、私生活的乐利主义。此一路乃是沿着道家思想演进之途而发展，由阴阳家与之相辅相成。而性与群性，道家与法家，各执一偏。理想的人生应是从群性中找到个性，融个性于群性之中。道家太看轻历史文化的群业，与佛家一样，都教人要能"超"，要能出。一个个的个人，只能说他天的分数多，人的分数少，一面是謷乎大哉，另一面又是渺乎小哉，如何能天人不相胜呢？儒家思想完全以"伦理观"来融化了"世界观"，这种态度是最为明显了。而在道家，他们是要摆脱儒家的人本主义，而从宇宙万物的更扩大的立场来观察真理，他们虽不以纯客观的心情来考察宇宙。但在中国道家思想里，已有许多接近西方科学精神的端倪，所以荀子要说庄子知有天而不知人。但荀子主张人性恶，这也没有真认识人类历史文化群业的真相。性恶说是从反面去恶，性善说是从正面扬善。去恶易转入释道，溺于虚无、苦行。故后人所谓释氏之说："弥近理而大乱真。"你若一个人一个人分析看，人类确有种种缺点，种种罪恶。因为一个个的人也不过是自然的一部分而已。但你若会通人类大群历史文化之总体而观之，则人世间一切的善，何一非人类群业之所造，又如何说人性是恶呢？西方耶教思想，将罗马的群体组织交与社会政治，而将注意放在了希腊的个人主义和哲学神学，总说"上帝事上帝管，凯撒事凯撒管"。文艺复兴是希腊文学艺术精神之复活，是个人现世惧乐主义之复兴。宗教革命，是耶稣"恺撒事由恺撒管，上帝事由上帝管"遗教之复兴。所以，正为耶教单注意在一个个的个人身上，没有把眼光注射到大群历史文化之积业上去，因此也要主张人类性恶，说人生与罪恶俱来， 如此则终不免要抹杀人生复归自然。佛教也有同样倾向，要之不看重历史文化之大群业，则势必对人生发生悲观，他们只历指着一个个的个人生活来立论，却不肯转移目光，在人类大群历史文化的无限积业上着想。近世西方思想，由他们中世纪的耶教教义中解放，重新回复到古代的希腊观念，一面积极肯定了人生，但一面还是太重视个人，结果人文学赶不上自然学，唯物思想泛滥横溢，有心人依然要回头乞灵于中世纪的宗教，来补救目前的病痛。就人事论人事，此后的出路，恐只有冲淡个人主义，转眼到历史文化的大共业上，来重提中国传统天人合一的老观念。

西方世界自罗伯特·迈尔（Robert Meyer）发明能量守恒定律（The law of the r conservation of Energy）后，常言世界始出于星云（Nebula），世之生

机渐起，细胞渐有囊（Sac）核（Nuclear）。故曰其始无人类，即无精神，精神独立不倚之说不通。但精神与物质对列，所以让我们先说物质。粗言之，物质是目可见耳可闻，皮肤手足可触捉的东西。邦波那锡（Pom ponazzi）著书攻神不灭说，似王充、范缜，为近世西方唯物论之先进；莱布尼兹归物质于力，谓未有物体而无力者。夫用力即意志，物质既为力所构成，则意志必为物质之本源，且为某发生之原因，即知觉亦由力生，盖知觉不能无注意，注意不能不用力也。意志实生知觉，而非知觉所生；亚那克萨歌喇（Anaxagoras）虽言意识，然其谓物质不仅四行，其数无量，类亦无量，不生不灭，亦唯物；德谟克利特（Democrifus）倡原子（Atom）之说，为唯物论之极，皆言物质为可触及之物。而精神与物质相对列，则精神应该是不可见不可闻不可触捉的。不可见，不可闻，不可触捉，则只有用人内心的觉知与经验。希腊爱利亚学派之巴门尼德（Parmerides），其道感觉为虚妄，传至柏拉图倡意象（Idea）之说，谓真如非由感觉所起，集希腊理学之大成，为百世学者宗师；笛卡尔以意识为理证准则，谓构成之单极（Monad）亦可名之无极，乃精神之本而非物质；发铿堡（Falckervrery）分Idea用法为四，在知识论则主天赋而非经验，在形而上学则主精神而非物质；英国贝克莱（Berkeley）创批评唯心论（Critical Idealisa），道万物万化生于心，心为世界，后有冯德（Wundt）倡众生心之说，为世所称；洛采（Lotze）以心为物绝对之二象，而绝对二象首重精神；费希特（Fechnet）说原子之组织为自由精神，又谓世界有灵魂，与叔本华道意志（Wille）、佛罗夏默（Froschaminer）道想象，并谓属唯心派。故西方新科学之递进，从物质科学开始，包括天文、地质、物理、数学，而后又进阶于生命科学，包括生物学、生理学，最终达到精神科学，即道德学、艺术学、历史学、文化学。物质与生命的科学都是在人生外围求真，而精神的科学则属人生内在。物理贵能发明人所不知，故重客观；心理重在一己性情之知行，而人心相同，故主观亦客观。所以我们说，精神是不可见，不可闻，不可触捉，而只可用人的内心觉知来证验的东西。这一东西，就其被觉知者而言，是非物质的，就其能觉知者而言，也是非物质的。明白言之，它只是人的内心觉证之自身。所谓内心，其实只是一番觉证，而所觉证的，依然还是那一番觉证。能所两方，绝不参有物质成分，因此同样不可见闻，不可触捉。心欲穷四方上下所至，且以无穷置得。若要真得，直是体会。生命与物质对列，物质是无知觉的，生命是有知觉的，草木植物也可说它有知觉，只是它的知觉尚在麻木昏迷的状态中。动物的知觉便渐次清醒，渐次脱离了昏迷麻木的境地，但动物只能说它有知觉，不能说它有心，直到人类才始有心。知觉是由接受外面印象而生，心则由自身之觉证而成。所以在动物的知觉里面，只有物质界，没有精神界。精神只存在于人类之心中，就其能的方面言，我们常常把人心与精神二语混说了，这是不妨的。人类的心，又是如何样发达完成的呢？

人类最先应该也没有心，而只有知觉。程颢曰："人心莫不有知，惟蔽于人欲，则亡天德。"莱布尼茨谓万有皆具心思知觉，唯其程度为有差；叔本华则谓心思智识皆由意志而生；德国心理学家冯德（Wundt）及考博（Kuelpe）皆以意志为人格中心，斯塔肯伯格（Stackenbag）亦云人之社会生活成于意志。我之有身，由意志，我之意志呈此宪象，我所知觉之物皆属宪象，其生于意志亦由我也；《庄子·天下篇》述公孙龙二十一事，大致亦是论时空非实有，同异非绝对，而归结于能知觉之心神；黄宗羲云宋儒既主有所谓气质之性，遂以发于气质者为形气之心，于是认心之所具只是知觉，而必须以理义充实之，然后乃得为道心。换言之，人和动物一般，只能接受外面可见可闻可触捉的具体的物质界，那些可见可闻可触捉的外面的物质离去了，他对那些物质的知觉也消失了。必待另一些可见可闻可触捉的再接触到他的耳目身体，他才能再有另一批新的知觉涌现。因此知觉大体是被动的，是一往不留的。必待那些知觉成为印象，留存不消失，如此则知觉转成了记忆，记忆只是知觉他以往所知觉。所以，不从外面具体物质来产生知觉，而由以往知觉来再知觉，那即是记忆。记忆的功能要到人类始发达。人类的记忆发达了，便开始有了人心。《墨经》上说：知，接也。人的知觉，是和外面物质界接触而生。但知觉成为印象，积存下来，而心的知觉，却渐渐能脱离了物质界之所予而独立了。能不待和他们接触而自生知觉了。换言之，心可以知觉他自己，便是知觉他以往所保留的印象，即是能记忆。如是我们可以说记忆是人类精神现象之创始。

（三）

　　唯心论之无解于他习，与唯物论之无解于已心，均为有失。唯心论者之不解心何以有广延性（Attribute of extension），与唯物论者之不解物质何以能思，其阙一也。那么，人类又如何能把他对外面物质界的知觉所产生的印象加以保留，而发生回忆与纪念呢？这里有一重要的工具，便是语言和文字。口能说话沟通，手能利用外界自然为我所用，手与写作又产生了文字，使人能产生新观念的同时，保留日常记忆，这是人类发展史三大不同于动物之处。语言的功用，可以把外面得来的印象加以识别而使之清楚化深刻化，而同时又能复多化。有些高等动物未尝不能有回忆与纪念，只是模糊笼统，不清楚，不深刻，否则限于单纯，不能广大，不能复多。何以故？因他们没有语言，不能把他们从外面接触得来的印象加以分别部勒，使之有条理，有门类。譬如你有了许多东西，或许多件事情，不能记上账簿，终必模糊遗忘而散失了。人类因发明了语言，才能把外面所得一切印象分门别类，各各为他们定一个呼声，起一个名号，如此则物象渐渐保留在知觉之内层而转成了意象或心象，那便渐渐融归到精神界去了。也可说意象心象具体显现在声音中，而使之客观化。文字又是语言之符号化。从有文字，有了那些符号，心的功用益长进。人类用声音（语言）来部勒印象，再用图画（文字）来代替声音，有语言便有心外的识别，有文字便可有心外的记忆。换言之，即是把心之识别与记忆的功能具体客观化为语言与文字，所以语言文字便是人心功能之向外表襮，向外依着，便是人心功能之具体客观化。因此我们说，由知觉（心的功能之初步表现）慢慢产生语言（包括文字），再由语言（包括文字）慢慢产生心。

　　程子尝言"仁者浑然与物同体"，释家亦云"心佛众生，浑然齐致"，由语言产生的一个心即是精神，它的功能也即是精神。禅宗被称教外别传，即以不著语言，不立文字，直指本心，见性成佛为教义。人类没有语言，便不能有记忆，纵谓可以有记忆，便如别的动物般，不是人类高级的记忆。当你在记忆，便无异是在你心上默语。有了记忆，再可有思想。记忆是思想之材料，若你心中空无记忆，你又将运用何等材料来思想呢？人类的思想，也只是一种心

上之默语，若无语言，则思想成为不可能。思想只是默语，只是无声的说话，其他动物不能说话，因此也不能思想，人类能说话，因此就能思想。依常识论，应该是人心在思想，因思想了，而后发为语言和文字以表达之，但若放远看他的源头，应该说人类因有语言文字始发展出思想来，因你有思想，你始觉证到你自己像有一个心。生理学上的心，只是血液的集散处，生理学上的脑是知觉记忆的中枢。均不是此处说的心。从生理学上的脑，进化而成为精神界的心，一大半是语言文字之功。因有语言与文字，人类的知觉始相互间沟通成一大库藏。人类狭小的短促的心变成广大悠久，人类的心能，已跳出了他们的头脑，而寄放在超肉体的外面。倘使你把人心功能当做天空中流走的电，语言文字便如电线与蓄电机，那些流走散漫的电，因有蓄电机与电线等而发出大作用。这一个心是广大而悠久的，超个体而外在的，一切人文演进，皆由这个心发源。因此我们目此为精神界。

不得以天下万物挠已，自能了当得天下万物。任何一器物，如果脱离了养育其的天、地、人，即失去其生命精神。这一个精神界的心，因其是超个体的，同时也是非物质的。凡是由人心流露出来的，便可叫精神的心，机械世界由科学家心里创造而来，科学即代表一种精神。但机械之复制却不需人心，故机械中并无精神。语言文字却不同，语言文字的传承需要不断临摹，不断揣摩，故内在精神依然存在，此即精神世界。人类因有语言文字，便从这一人接触到外面另一人的记忆和思想，这层不言自明。倘我们根据上述，认为记忆、思想，本是寄托在语言文字上，本从语言文字而发达完成，那么语言文字是人类共通公有的东西，并不能分别为你的和我的，同样理由，我们也可说记忆和思想，在本质上也该是人类共通公有的东西，也不能硬分为你的和我的。换言之，人类的脑和手，属于生理方面物质方面的，可以分你我，人类的心，则是非生理的，属于精神方面的，在其本质上早就是共通公有的，不能强分你我了。明白言之，所谓心者，不过是种种记忆思想之积集，而种种记忆思想，则待运用语言文字而完成，语言文字不是我所私有，心如何能成为我所私有呢？只要你通习了你的社会人群里所公用的那种语言文字，你便能接受你的社会人群里的种种记忆和思想。那些博览典籍，精治历史和哲学的学者们，此处且不论，即就一个不识字的人言，只要他能讲话，他便接受了无可计量的他的那个社会人群里的种种记忆和思想，充满到他脑子里，而形成了他的心。设若有一个人，生而即聋，绝对听不到外面的声音，因而他自始便不能学习言语，又是生而即盲，因此他也不能学习和运用人类所发明的种种文字和符号。这一个人，应该只可说他有脑子，却不能说他有心。他应该只能有知觉，不能有记忆和思想。他纵有记忆和思想，也只能和其他高级动物般，照我们上面所论，他也只可说能接触到外面的物质界，不能接触到外面的精神界，即人类之心灵界。因此他只是一个有脑无心的人，只是一个过着物质生活不能接触精神生活的人。根据上述，我们所谓的精神，并不是自然界先天存在的东西，他乃是在人文社会中由历史演进而来。但就个人论，则他确有超小我的客观存在。

（四）

据生物学的原理说："个体发生Ontogeny本是系统发生Phylogeny的一个重演。"譬如一个人在胎里的发育程序，是要把由单细胞生物以至人类的层层进化阶段的概要重演一遭。形既有之，神亦宜然，一个民族的思想变迁，从个人的思想变迁上也可以看个大概。宋明六百年理学，主要精神，自在排佛伸儒上，但他们却摆脱不掉佛学思想里把一切分成本体与现象作双层看法的那一点。这一种分别本体与现象的看法，即西方自希腊以至近代欧洲的哲学思想大体亦如是，只有中国先秦传统则不然。宋明理学永远陷在这双层看法的圈套里，周、张、程、朱都如此，王守仁晚年，亦不免陷入此格套。朱子言："盖天理莫知其所始，其在人，则生而有之矣。人欲者，梏于形，杂于气，狃于习，乱于情，而后有者也。"朱子理先气后的主张，自明儒罗念庵以后，几乎人人都反对，而王船山又把这问题应用到道器问题上来。船山说，有器而后有道，没有器，便不能有那器的道。窃谓此问题，若远溯之，应该从佛家之体用说来。一般的说法，应该先有体后有用，气与器相应于体，理与道相应于用，若从天地间自然界物质界而言，诚然应该说先有器，乃有器之道，先有体，乃有体之用。也可说必先有了气，乃有气之理。但天地间尚有生命界，与物质界略有辨，尚有人文界与自然界略有辨。大抵自然界与物质界，多属无所为而为。而生命界与人文界，则多属有所为而为。凡属无为的，自可说体先于用，凡属有为的，却应该说用先于体。若说用先于体，则也可说理先于气。如是则朱子理先气后的主张，在人文界仍有他应有之地位，不可一笔抹杀。

明儒胡敬斋谓："常人没有未发。"李延平谓："常人固有无所喜怒哀乐之时，然谓之未发，则不可主也。"此一方面，说未发就是性，谓常人没有未发，即是谓常人没有性，但其实敬斋和延平的意思，以为常人终日昏绕绕地，虽然没有喜怒哀乐时节，其潜意识仍归在里面恒转如瀑流，哪里有一刻停歇的时候，与圣人寂然不动冲漠无朕的静相相去奚啻天壤。近代心理学家所指出之潜意识，实不仅起源于人类有生之后，而实当更推溯及于人类未生之前。远至自有人类，乃至自有生物以来之"感知作用"逐步演变，逐步进化，而始有所谓人文心理，即乃人类心灵之透露。我们只需从生物进化的常识为据，一切生命，直从最低的原形虫，乃至植物动物，哪一个机体不从生命意志演变而来呢？就人而论，人身全体，全从一个生命意志的本原上演出。因生命要有视之用，始创出了目之体。因生命要有听之用，始创出了耳之体。因生命要有行之用，始创出了足之体。后来生命又要有持捉之用，才从四足演化出两手。生命只是一个用，人身乃是一个体，并不是有了人身之体始有生命之用，实在是先有了生命之用乃创演出人身之体来。若把此意用朱子语说之，应该是先有了视之理，而后有目之气。先有了听之理，而后有耳之气。先有了人之理，乃始有人之气。也可说先有生命之道，乃始有生命之器。但若说到物质界、自然界无为的一面，则必先有了水与石之气，始有水与石之理，先有了火与刀之体，乃有火与刀之用，如是则两说实各得真理之一面。一切自然界物质界，苟经人文方面之创造与垡作，则一样可以应用理先于气用先于体之说来说明。如建筑一房屋，不能说先有了门窗墙壁种种体，始合成一房屋之用，其实乃是人心上先有房屋之用一要求，或说人之意象中先存在有一房屋之用，而后房屋之实体乃始出现而完成。一切门窗墙壁，皆在整个房屋之用上有其意义而始得形成。正如耳目口鼻手足胸腹，全在人的生命之用上有其意义而存在。并非先有了耳目口鼻手足胸腹各部分，再拼搭成一身；同样理由，也非由门窗墙壁各部分拼搭出一间屋。屋之用早先于窗户墙壁而存在。正如生命早先人身之体而存在。其实此理在庄老道家已先言之。老子说，"有之以为利，无之以为用"，那时尚不用"体用"二字，其实老子意，正是说有之以为体，无之以为用。何以明之？老子先云："三十辐共一过毂，当其无，有车之用。埏埴以为器，当其无，有器之用，凿户牖以为室，当其无，有室之用。"据我上面所说，若论体，则只有户牖之体，只有房屋之各部分有体，除却房屋之各部分，更没有所谓房屋存在了。把房屋分拆开，拆散了，则成为户牖等种种体，把户牖等种种体配合拼起来，则成为房屋之用。车与器亦然。故户牖属有，房屋属无。拆去了户牖等，便无房屋，故房屋只是一用，而非体。户牖等始是体。但户牖等虽各有体，而其为体，若离开房屋之全部，则并无存在之价值，换言之，即成无用了。户牖等乃配合于房屋之全部而始有其价值，始有户牖等之用。换言之，只是房屋有价值，只是房屋始有用。正如耳目口鼻虽各有体，而合为一生命之用，若没有生命，耳目视听尚复何用。而生命实无体，只有用，故老子说，"有以为利，无以为用"。这犹如说有是体，无是用，或反之说用是无，体是有。老子说有生于无，正如说体生于用，也如说器生于道。但老子所据也只是车器房屋之类，正是属于人文创铤方面者，不属于自然无为方面者。

道家言"无我"，乃是一浑沌，泯除一切分别，乃见真我，儒家则化闻见为聪明，于一切分别中会通和合乃见我。吾妻吾子，吾屋吾因，吾乡吾国，于吾之天地中，而我为其一中心之主。佛家理论惯把一切的体拆卸，把一切体拆卸了，那用也不见了。佛家所谓涅槃，也可说要消灭此一用，此一用消失了，则体也自不存在。叔本华哲学中之所谓生活意志，也就是此用，一切体由此用而来。但此等说法，只该用在人文有为方面，不该用在自然无为方面。若用到自然方面去，则此最先之用，势必归宿到上帝身上，如是则成为体用一源，变成为上帝创世造物的宗教理论。禅宗则仅就人生立说，不管整个宇宙，故他们以作用为性，不是先有了体乃有性，而是先有了性乃有体，把此生的作用取消，则人文界自然会消灭。可见禅宗此等理论仍还是佛家之本色。宋儒接受了佛家此一义，但他们不主张取消人文界，故要说理先于气。因要避说体用，故才只说理气。因作用可取消，理却不该取消。故佛家以作用为性，而宋儒则改作以理为性。其实二者所指，皆属无的一边，皆属用的一边。皆是主张有生于无，用先于体，亦皆与道家立论相似。其实只要着眼在人文有为方面的，必然要主张此一义。

再从体用说到内外，则应该先有内，再有外。精言之，是"内知"的成份实多于"外情"的成份。非如喜怒哀乐，外面浑然一体，乃尽在吾情之内也。又如"悲"字。"悲"自外来，与"畏"略相似。悲天悯人，即对外面，浑然之体而有悲，主要亦属知的成分大于情的成分。故悲终是悲其外，即悲从中来，悲亦无反面字。不如"哀"之发于中而对于外，内外乃为浑然之一体。孔子常兼言"仁智"。仁属情，智属知，仁中有智，智中有仁，甚难严格分别，亦可谓智亦属于仁，唯仁乃为其浑然之一体。庄子说内圣外王，后儒则说明体达用。其实内圣始能外王，内圣属无属用，外王属有属体。在庄子说来并无语病。若说明体达用，则该转说成明用达体。苟不先明其用，则体并无从而有。体只是外面有的一面，用始是内面无的一面。因此体易见，用难知。一切科学发明，用前述人文创臸由无生有明用达体之说，并可会通。

理学讲物穷理的性情，心学讲至善成性的心情（图1）。语本无病，但若必先认真有此一理，先实物而存在，则宇宙间势必先存在着忆兆京陔无穷无尽之理。于是势必有一位上帝来高踞在此无穷无尽忆兆京陔之理之上了。故柏拉图的理念论，势必与基督教之上帝观念合流了。正为其混并无为界与有为界而不加分别以为说，则势必达于此。讲哲学的喜欢主张一个超实在的形上的精神界或本体之存在，这些全是上帝观念之变相。因此他们说体用，反而说成无的为体，有的为用了。若把朱子的理字死看了也如此。

图1

（六）

阴阳是两相对立，同时并起的。按周敦颐的理解（图2），宇宙化气，阴阳会冲，太和之气，五感无形，升降沉浮，动静相感，生人之所知，客感客行。天性与觉道而生心。若必加分别，则应该是阴先阳后。以男女两性来讲，男女异性似乎是两相对立，同时并起的。但照生物进化大例言，当其没有雌雄男女之别以前，即以单细胞下等生物言，他的生育机能早已具有了。生育是女性的特征，可见生物应该先具有女性，逐步演化，而再始有男性，从女性中分出。女性属阴，男性属阳，故说阴先阳后也。

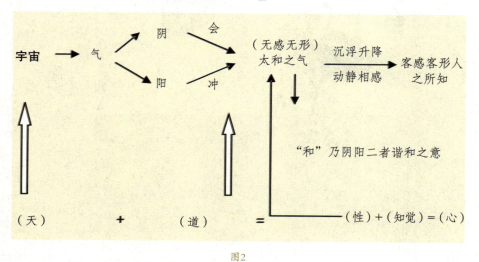

图2

再言之，从无生命的物质中演化出生命，物质属阴，生命属阳，此亦阴先阳后。若论死生，应该先有死，后有生。死不仅是生命之消散，同时也还是生命之未完成。生由死出，而复归于死，如是则仍是阴先阳后。老庄言，天地万物生于有，有出于无，而还归于无。生命来自物质，又归入物质。文化出于自然，又复归于自然。一切皆如此。

在不违背整个自然界之真理中，求获得人类自身之真理。只有在不违背整个自然界动进之大道中，来获得人类自身之大道。如此则历史文化观念，可与物质自然关系相融通、相协调。这一种融通协调，是整个宇宙与群体长期人生之协调，再从此与整个宇宙相协调之群体长期人生中，来领导个人现实生活之趋向，而指示其规律，这是东方文化精神，这是东方人的宗教信仰，这是东方人的人生观，这是东方人的人文科学精神，这几种核心观念，经过长期演进而形成的东方中国之特有文化。若用中国人阴阳观念言，应云阳出于阴，而复归于阴。阴阳之序列，不单是一先后的问题，乃是阳依附于阴而存在。没有阳之前可以先有阴，没有阳之后仍可以有阴，但若没有了阴，亦绝不能再有阳。《易经》以乾坤两卦代表阴阳。乾德为健，坤德为顺。健是动，顺也不就是静，其实顺还是动，只是健属主动，顺属随动。何以不说被动而云随动，因被动是甲物被乙物推动，随动是甲物随顺乙物而自动。主动和随动一样是自动，只是一先一后之间有分别。至于被动则并非自动，只是他动而已。今论自然界，似乎彻首彻尾，只该有顺动，不见有主动。或可说只有自动，没有主宰此动或生出此动之另一动。甲顺随乙，乙又顺随丙，丙顺随丁，丁顺随戊，如是以至无限无极，相互牵连相互推排，找不出一个起点，寻不出一个主脑，一切顺随，一切无自性。换言之，却即是一切自然。若你要在自然界中定寻出一主脑，定指出一起点，那便是宗教信仰的上帝创世了。否则自然只是自然，随动只是随动，一个挨一个，一层挨一层，没有头，没有脑，此之谓无极。无极是前无起，后无止，谁也不主张谁，如是则一切随动等于不动，因此亦谓之静。中国道家看准了这一点，所以六十四卦始于归藏。万物原于坤，复归藏于坤，归藏是最终极的，同时又是最原始的。但你若以坤卦为原始卦，则又教人想到一切动作有一个最先的开始，若有一个最先的开始，则此一开始绝非随动而是主动了。则请问主此动者是谁？在人类知识里，实在找不出自然界的主动来，只见一切动作皆是随动，故道家不称坤卦为原始，而称之曰归藏。归藏也并不是消灭或完了。有人想，由物质界演出生命，由生命界演出人类，由人类演出文化，似乎逐步展演，永无止境，其实一切展演，到底还是要回归于自然，一步也前不得。道家畅阐此义，故名坤卦曰归藏，而定为六十四卦之第一卦。儒家不主张自然而推尊人文，就人以言人，人类由自然界生命界动物界展演而来，又由人类展演出高深的文化。人文所与自然不同者，最主要的便是他有一个主动，由自然展演而为人文，即是由随动中展演出主动来。试再举男女两性言之，在单细胞生物没有分别雌雄男女以前，生物界只有生生不息而已。此一种生命意志之生生不息，永永向前，实在已有了一点主动的精神，侵入了自然界随动的范围。应该说是从自然界随动的范围内积久酝酿而产出此一点主动的精神。但那种生生不息，永永向前的一点主动精神，到底不鲜明，不健旺，还是随动意味多，主动意味少。换言之，还是不脱自然姿态。自从雌性作中分出了雄性，女性中分出了男性，于是主动随动之别更鲜明了。男性雄性是代表了主动。雌性女性则代表了随顺。故由有雄性男性而生活意志之主动形式更鲜明更强烈。这是生命界一大进化。我们不妨说，自然界以顺动为特征，人文界以主动为特征，人文演进之大例，即在争取主动。儒家就人论人，故取乾卦为第一卦。就自然界言，是阴先于阳。就人文界言，应该阳先于阴，争取主动来支配自然界的一切随动。但人文主动，本亦从自然随动中演出，而且他自有一个极限，其最后归宿仍必回入自然。此层儒家深知之，故乾卦六爻，初爻潜龙勿用，上爻亢龙有悔，又说群龙无首、吉，这些都是要在争取主动中间仍不违背了顺动之大法。在创进文化大道上，要依然不远离了自然规律。若荀子所谓的勘天主义，实非儒家精神。阴阳又代表人世间的君子与小人。依照上述理论，君子从小人中间产出，他还是依附于小人而存在，而且最后仍须回归于小人。犹譬如从自然中产生文化，文化依然要依附自然而回归于自然。所以小人常可以起意来反对君子，君子却始终存心领导小人，决不反对小人。小人可以起意残害君子，君子却始终存心护养小人，决不残害小人。从小人中间产生出君子，再浅譬之，犹如树上开花，树可以不要花，花不能不要树。自然可以不要文化，文化不能不要自然。同样，自然可以毁灭文化，文化断不能毁灭自然。但人文主义者，则仍自以文化为重，君子为贵。

外腓与内充

（一）

　　《庄子·天下篇》述公孙龙二十一事，大致是论时空非实有，同异非绝对，而归结于能知觉的心神；《六祖坛经》说"若起正真般若观照。一刹那间妄念俱灭。若识自性。一悟即至佛地。"冯德（Wundt）以意志为一切精神之主，人格之中坚，其徒考博（Kuelpe）和之，谓意志为我（Ego）与非我（Non-ego）所由分，主客观所自起，而精神之本原也。所以，我们常说生命与非生命（物质）的区别，主要在有知觉与无知觉。则自最先最低级的原形胶质的生命像阿米巴原虫(Amoebida)之类，也像已有知觉存在了。所谓知觉只是知有己与知有物，这一知觉，便把世界形成我和非我，内和外。但最先最低级的知觉只是在模糊朦眬昏睡的状态中。直至一切植物，还是那样。生命演进到高级的动物界，他的知觉才逐步觉醒、清楚而明晰。人类占了生命知觉之最高最后的一境，因此在人类的心觉中，己与物，我与非我，内与外，才有一个最清楚最明晰的界线。但一到人类的心觉中，己与物，我与非我，内与外，却又开始沟通会合，互相照映，融成一体。我的心中，活着许多别人，在许多别人心中却活着有我。由中国人讲来，一阴一阳，一生一死，只是循环不已，老跟着此一环在绕圈。重要却在此环之内，亦即"环之中"。司徒空说："大用外腓，真体内充。"阴阳生死都是表现在外面的象腓，人能超出此外腓，深入观其实际，才能进入此实际的真体之中，而确然有所得。若要辨是非，那么死了的是你，活着的便不是你；活着的是你，死了的不是你。同样说昨天的是你，今天的便不是你；今天的是你，昨天的又不是你。依此理论，正反两面可以互相取消，但亦可以互相完成。

"吾有知乎哉？无知也。有鄙夫问于我，空空如也，我叩其两端而竭。"人若和你讲心，你便和他讲物。人若和你讲动，你便和他讲静。不是要把这一边来反对那一边，取消那一边，是要把握到两端，将人我寄放到对方心里，便可获得中道。一切生命，都寄放在某一特定的个别的物质上，因此生命在空间和时间里都是有限的，渺小而短促，有生便即有死。只有人类，开始把他的生命从其特定的个别的物质中（即从我之身体中），因于心的觉知，而放射出去，寄放在外面别人的心中，于是生命遂可以无限扩张，无限绵延。正因为要求把我的生命放射出去，映照在别人的心里而寄放着，因此遂有个性尊严与人格之可贵。人必努力发展个性，创造人格，始能在别人心里有一鲜明而强烈的影像，始能把你自己寄放在别人心里，而不致模糊朦胧以至于遗忘而失其存在。

大人者，与天地合其德，与明合其明，非在外也。经济生活，只是整个文化最低的基层，若没有相当的经济生活作基础，一切文化生活没发展，但经济生活到底只是经济生活而已，过分的经济生活则是消极的。经济生活没有相当满足是绝对不成的，但有了相当满足即该就此而止。其他文化生活如文学、艺术之类，则是积极的。没有了初若不打紧，但这一类生活，可以无限发展，没有限度的中国传统人生理论，似乎正是认定了这一点，对经济人生总采取一个消极态度，对其他文化人生则采取了积极态度。若把这个观念来衡量人生价值，则一切物质人生，依然是最低级的，尤其是饮食的人生。饮食只在其本身当下感觉到饱适或鲜美，决不能映照到别人心里而生出一种鲜明而强烈的影像而存放着。此所谓饮水冷暖各自知，此乃无可共喻的。衣服与居处较为高级了，在某一人的衣服与居处上，多少容易表见其人之个性与人格而映射到别人心里，发生出某一些影像而暂时存放着，这便是你生命之扩张，由己心放射到他心。然而这是极淡漠极轻微的，重要的还在你的个性与人格上，不在你的衣服与居处上。生命的特征就是要有自发的运动，只有有被灌注了生气的东西，才能算得上自然美。这种生气可以是它物灌注的，也可以是人自身灌注的。但有了生气的东西还不一定是美的。若说你的个性与人格只能在衣服与居处上表现，岂不成为一种可鄙的笑谈吗？

（二）

艺术的人生可贵便在此。艺术第一层在"寄托"，欣赏者无所求，处于一种被动，由美而生情产生美学载体。美不是抽象性的，片面性的，无法说明的。因为美是由心灵产生的，而世间自然万物正是心灵有限性的真实反馈，所以美必然也是物质性的，可以放诸有限中来解释。康德说，艺术美是偶然的。美的确不存在于一个有系统的目的下。一个人可能触类旁通地领悟到很多美的经验，但是在他进行美的创作的时候，并不会被这些经验所套牢，因为这些经验已经被他吸收、消化，变成了自己一套独家经验。这个系统是唯心的、主观的，所以也就不存在一个死的法则。同样的，对于审美的观众也是这个道理，观众也有自己的一套独家经验，而艺术是需要产生心理共鸣才能称之为艺术的，所以两套独家经验间，需要有共性的东西来产生沟通，这就是艺术作品。此一层的艺术是没有目的的。若艺术是为了达到除它本身外另一个目的，那艺术就仅是一件工具，而工具只是一个实体，没有精神层面的存在。若是如此，艺术就只是第三世界中的摹仿，是一种低下的存在，要想脱离这个层面，艺术对于理性世界的追求就不可忽视，所以黑格尔对艺术使命的定义即：用感性的艺术形象的形式去显现真实，去展现和解了矛盾，目的只是在于艺术本身的显现和表现。

艺术第二层在"呼应"，对欣赏对象所求真挚，彼一我与此一我冲突，比一我要求愈深，彼一我越不相符，进而被感动而产生美感，由技术产生表现形式，进而产生文化沉淀，完成了表达什么、如何表达，以及如何理解的全部过程（图1）。自然美缺乏自为、自发向外在展示自己内涵的能力，所以不能为己求毫，而艺术美学是在自然美的基础上，进行的二次心灵创造，所以也

就自然高于自然美。一个人觉得一件事物美，只是因为美早已在他心灵里，而这件事物只是反映出来的其中一个实例而已。换句话讲，艺术是由此岸的显性世界，到达彼岸感性世界，由阴到阳，由感性到理性的一个桥梁（图2）。你的个性与人格，完全投射在你所创作的艺术品上，而映照到别人心里，别人欣赏到你的艺术作品，便发现到你的个性与人格。你的艺术创作，便是你的生命表现。艺术活动的动机即在于将自己理解的认识，转化为实际存在的作品，再以作品中观照自己的认识。艺术长存，即是生命长存。你试登高远眺，天地何其伟大，自然何其美丽。同时你当知，伟大者即是你的心，美丽者也还是你的心。而你却在此伟大与美丽中唤醒了你自己，同时也遗忘了你自己。你解放了，你陶醉了，忘我忘物，一片天机，在唱歌在跳跃。这是你艺术的生命。然而艺术人生已是生命之物质化，无论一幅字，一幅画，一件雕刻，一支乐曲，一个宫殿建筑，乃及一个园林设计，总之，艺术必凭借物质而存在。你把生命融入了所凭借的物质，别人再从此物质来想象了解你的生命，这些多少是间接的，不亲切，不单纯。因此欣赏艺术时的心情，总是欣赏艺术品的本身胜过了欣赏创造艺术品的作者。为着形式而存在的作品谈不上是艺术，只有为着内容而存在的作品才为艺术，而内在内容越多，艺术越接近思想。美只是理念的感性显现，而理念的恶善并未规定，这是艺术人生之缺憾。只有凭借外面物质更少的，始是表现出创造者之个性更多的。在这里，只有音乐和东方人所特有的书法，则比较不同了。因其比较凭借外面物质更少而更接近于下面所要讲的文学了。

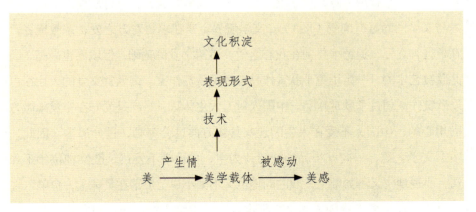

图1

```
        阴                          阳
                  艺术
        此岸      ─────────→      彼岸

        显性世界                   灵感世界

        感性                       理性
```

图2

（三）

中国文化自始于诗三百，文学与艺术便不分家，文学中包含艺术。诗分赋、比、兴三者。"赋"者，自述其事，此乃文学之大共体。"比"则来自宇宙自然界，即与艺术大相似。而"兴"则于此下人类继续诞生之性情，有兴起，尤为此下文化大本大源之所以。故中国文学，乃自修身、齐家、治国，而达于平天下。自人生而达于宇宙自然界，终始本末，一以贯之。体用皆备，而无所缺失，亦宗教，亦哲学，亦科学，而兼容并包，无不具备。但是文学在欣赏与寄托上和艺术不同。艺术作品需要凭借物质，而文学作品则由人类自身所创造的文字中表达，不再需要凭借自然物质了。朱熹云："诗书是隔一重两重说，易春秋是隔三重四重说。春秋义例、易爻象，虽是圣人立下，今说者用之，各信己见，然于人伦大纲皆通，但未知曾得圣人当初本意否。且不如让渠如此说，且存取大意，得三纲、五常不至废坠足矣。"从外求程度上讲，艺术与文学间尚且有间隔（图3）。文学境界，常在求得对方之爱；宗教境界，在求得神之爱；道德境界则在我心之爱，道德之爱最基础，但境界也最高。因此欣赏艺术的，一定不免于欣赏作品超过了欣赏作家。而欣赏文学的，往往可以欣赏作家超过了欣赏作品。中国人对于人生体味，一向是爱好在空灵幽微方面用心的，中国人不爱在人生的现实具体方面过分刻画，过分追求。因此，中国文学大统，一向以小品的抒情诗为主，史诗就不发达，散文地位始不如诗，小说地位又不如散文，戏曲的地位又不如小说。愈落在具体上，愈陷入现实境界，便愈离了中国人的文学标准，因此中国人的戏曲，到底要歌舞化，让它好与具体的现实隔离。我们就此点来评论文学，则戏剧和小说，仍不是文学之上乘。因戏剧和小说，就创造言，还不免要把作家的心情曲折转变寄放在别的人事上而投射到别人的心里。就欣赏言，则还不免使人欣赏戏剧和小说作品之本身，胜过了此戏剧与小说的作者成此作品时的一切心情之真源。如是则依然是一种间接的交流。如西方之莎士比亚，其作者本身人格，可以形成种种之猜想，而仍无害于其作品戏剧之价值。此可证明作品可以脱离作者而独立自在了。故中国文学追求一种写意的解脱性，而西方文学则追求一种写实的执着性（图4）。再以哲学术语言，中国人欣赏文学，乃即体以见用。西方之文学，乃集用以为体。在文学中，只有抒情的诗歌和散文，才始是把作家和作品紧密地融成一体，在作品上直接表见出作者之心情，以及其个性和人格，直接呈露了作者当时之真生命，而使欣赏者透过作品而直接欣赏之。最空灵的，始是最真切的。最直接的，始是最生动的。最无凭借的，始是最有力量的。如是始可说是理想文学之上乘作品。中国人总是崇拜陶潜与杜甫，胜过了崇拜施耐庵与曹雪芹。因施耐庵与曹雪芹只将自己生命融化于他的作品中，而陶潜与杜甫，则是将自己的生命凝成了他的作品，而直接奔放。同样理由，中国人崇拜书家，常常胜过了崇拜画家。崇拜画家，常常胜过了崇拜建筑师。而崇拜文人画，亦胜过了崇拜宫院画。中国哲学与中国文化艺术是一般的极重实际，但又同想摆脱外面的种种手续与堆砌，想超脱一切束缚，用空灵渊微的方法直透深处，这全是中国国民性与中国文化之一种特征。

艺术　　宗教　　文学　　道德

外求程度（递减）

图3

中国文学	西方文学
诗歌散文	戏剧小说
写意	写实
解脱性	执着性

图4

（四）

　　物性是艺术的，物的结构是科学的。科学家的生命则寄放在纯客观的物理上，距离实际人生更远了。若说欣赏的趣味形成了艺术，那么理智的分析则形成了科学（图5）。科学家用理智来发明真理，真理属于人的智识，智识则是人生之副产品、附属物。我们若以艺术家的创造心情来看科学家，则科学家应该可以说是更艺术的。何以故？因其能纯粹忘却自我而没入外面的事象中，因而在外面事象中获得了自我之存放。但此种自我，却已是纯粹事象化了，更没有自我之原相存在。因此说科学家是更艺术的艺术家。因此科学家在科学真理之发现上，是绝对没有所谓个性与人格之痕迹存在的。岂仅如此。在科学发现之后面，几乎可以使人忘却有人之存在了。因科学是超人生的，非完全遗忘人生，不能完成科学。因此我们只有在追忆科学家那一番探求真理之过程中，有时可以稍稍领略一些科学家们之日常生活与其内心精神。至于在科学家所发现的科学真理上，则丝毫不带有科学家自身之踪影。

　　所以，从文化的距离上考量，科学离物质的文化距离最近，而文学离心灵的文化距离最近，而艺术则取其两端，取其中道（图6）。

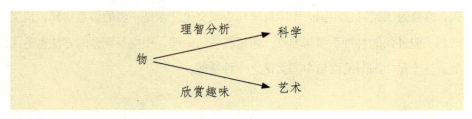

图5

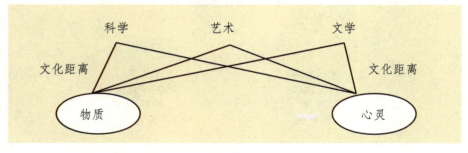

图6

继之再言宗教。西方宗教里，人人可为上帝之信徒，而中国文化大统中，人人可自成圣人，上帝与信徒之间是一个质的变化，而圣人之间只有量的变化，其纯度一致。基督教在中国不能盛行的原因，正在于其与佛教"人人皆能成佛""人人皆能入圣"相反，人只能尽于上帝之子耶稣之下，与上帝隔着三层。西方人的宗教，实和他们的科学貌异神近。因非遗忘人生，即不能进入宗教。他们亦必是先忘却了自己，而后始能祈求没入宗教的教理中。他们所信的宗教教理，几乎也可说是一种纯客观而又同时是非人生的。他们先把握到上帝的心情，再始回头来处世，在他们心坎深处，不该存有家庭，不该存有世间，他们只该以体认到的上帝的心情来处家庭，来处世间。在其追求宗教信仰之一段过程中，我们也可以领略到其日常生活与夫其内心精神之一斑，但在其所信仰之真理中，则同样不能有信仰者自己的个性与人格之重要与地位，甚至不应该有人的地位存在呀！至少在理论上是须得如此的。

（五）

言行合、人我合、物我合、天人合，中国人的人生中道德、文学、科学、宗教至此一路向前（图7）。只有道德生活，乃始确然以各人之个性与人格为主。艺术科学与宗教，其主要对象及其终极境界，大体说来，可以说是非人生的。只有道德对象，则彻头彻尾在人生境界中。上文所谓别人活在我的心里，我活在别人的心里，这完全是一种道德境界。我们只有在道德境界中，可以直接体会到当事人之个性与人格。此种个性与人格，不仅保存于其生前，抑且保存于其死后。不仅在其生前，其个性与人格，可以随时有扩大，抑且在其死后，其个性与人格，依然有继续扩大之可能。世界伟大人格，无不于其死后保留，亦无不于其死后继续扩大。若不能继续扩大，亦即不能随时保留。让我们粗浅举例，如孔子释迦与耶稣，其死后之人格，岂不依然保留，而且在继续扩大吗？七十子时代之孔子，到孟荀时代，两汉时代，宋明时代，其人格既随时保留，而又继续扩大了。若使自今以后，孔子人格还能随时保留，必然仍将继续扩大。若使不能继续扩大，便会逐渐消沉，而失其存在。释迦、耶稣是一宗教主，似乎与孔子不同，然其人格之所以亦随时保留而继续扩大者，则因其已由宗教人生而渗透到道德人生故。一切宗教人格之扩大，莫非由其道德人格之扩大。中国人崇拜道德人格，尤胜于崇拜宗教人格。崇拜圣人，尤胜于崇拜教主，其理由即在此。由于同一理由，中国人崇拜一文学家，亦必兼本于崇拜其道德人格，而后其作品始得被视为最上乘。然而文学作家之人格，虽亦可以随时保留，而终不能随时扩大，此所以中国人之视文学家，终不如其视一圣贤人格之更见崇重，其理由亦在此。

（人格道德）　　　（社会人文）　　　（自然科学）　　　（宗教信仰）
言行合 ——————→ 人我合 ——————→ 物我合 ——————→ 天人合一

图7

　　这里我们又将提到东西人生态度之不同。东方人以道德人生为首座，而西方人则以宗教人生为首座。《老子》称《道德经》，《庄子》称《南华经》，均为魏晋教东来后之风气，只有孔子仍称《论语》，不走上玄学的道路。西方人的长处，在能忘却自我而投入外面的事象中，作一种纯客观的追求。他们的艺术文学科学宗教种种胜场莫不在此。中国人的主要精神，则在能亲切把捉自我，而即以自我直接与外界事物相融凝。个人自由乃仅是一种物质身体的自由。个性自由，方是人之天性之自由，个人自由往往因缺乏指导而落入纵欲，而个性之自由在儒家中，则是教人于吾性之中，尽情发挥。个人自由在于外界，个性自由于自由心灵，于个人自由不能带来个性自由，由个性自由却可引导个人自由。中国人的艺术与文学皆求即在其艺术与文学之作品中，而直接表现自我。中国人的宗教生活也如此，因此在佛教中有中国禅宗之产生。这在宗教圈中而依然看重了自我，于是乃有所谓狂禅者出现。而中国人的科学造诣，则不免要落后。若说中国人是大用外腓，真体内充，则西方人可说是大用内充外腓真体了。西方人最高希望应说能活在上帝心中，而中国人可说是只望活在别人心中。上帝还是外腓的，别人则仍是在真体内。敬以直内，义以方外，舍内外之道也。就哲学术语来说，东西双方依然有向内向外之别。人生终不能不有所偏倚，这亦无可奈何呀！

逻辑与心

（一）

世界几大逻辑学中，印度的逻辑学"因明学"可称为最古老的几者之一。因明学简单分为"宗""因""喻""合"，"宗"是前提，引伸"宗"的理由为"因"。有时候还有"因"讲不清楚的，就借用比喻之"喻"。宗、因都讲通了，也就是结论"合"了。而从希腊哲学时期开始，西方出现了"对立"的说法。哲学作为古希腊生活根本，一切事物都围绕哲学展开，去检验哲学的存在。柏拉图将政治、艺术、法律策划为平等，一切辩论的核心都在于树立一个高尚的人格，就是想在此基础上，建立一个统一的哲学。一个真实载物体，若能找到统一其的概念，则它本身和这个概念即形成了一个对立，而互为否定，这两个否定相加即形成了真正的理念。理念和体现理念的现实二者的统一就是理念，即单就本身来看的理念和体现理念的实在二者的否定的统一，也就是双方差异面的设立与取消。苏格拉底、柏拉图细致地分开每一件事物所存在的理论，试图追求一种"原理"；而亚里士多德将"原理"重新分类，进行梳理；近代康德将细致分类的"原理"，再分为对立面进行阐述；席勒进一步阐明这两种关系是密不可分的，是一个整体；最终，黑格尔认为，当一件事物的对立面出现后，必将归于统一，而又出现新的对立面，即形成了主动。简而言之，用日常生活经验与学问，简单地对一件事下对错等定义，这只是最简单的一种形式逻辑判断，而黑格尔的哲学不停留于此。在黑格尔哲学里，即便是讨论道德，也要谈到道德的反面（欲），并将两者统一起来，产生矛盾，最终调整才算得道德的真正解决，才能称得上真正的道德。所以在黑格尔的哲学里，对待一切事物都是动态的，从正面的否定面，即反面入手，再来认清否定面的否定，即回到正面，再将两者统一，形成一个完整的体系。

所以对立面的设置否定的作用，即是主动的一个条件。这种分分合合的关系最终形成了西方世界的人生观。人生根本是一个对立，我以外不能没有非我之存在，我与非我便是一个对立。即就我而论，有生便有死，死与生又是一对立。若谓生者是我，则死了便不是我。若认死者为我，则生的又不是我。死与生即已是我与非我之对立，故有生死便有是非，彼我生死是非，是人生最基本的对立。人的自由关系分为三种：身体的、社会的、精神的。这三层每一层都逐次向上追求更高的一层，在上一层中寻找解脱的方式。除了精神上的自由，其余两种自由都有感性和理性两方面的，只有精神自由本身即自己含了自己和对立面，即在对立面中发现了自己。最高一层的精神自由，其自身所包含的对立面不像身体、社会两层一样，是为了对立而存在的。精神自由的对立，是为统一而存在的。只有精神自由是一劳永逸的，其余自由都因含有感性的不自由，而陷在一个一个物质生活的循环中。

朱子曾言：

道生一，一生二，二生三，三生万物，则老氏之所谓道，而非吾儒之所谓道也。明道云："天下之物，无独必有对。若只生一，则是独也。一阴一阳之谓道，道何尝在一之先，而又何尝有一而后有道哉。易有太极，易即阴阳也，太极何尝在阴阳之先。是生两仪，何尝生一而后生二。尝窃谓太极不可名状，因阴阳而后见。一动一静，一昼一夜，以至于一生一死，一呼一吸，无住而非二也。因阴阳之二，而反以求之太极，所以为阴阳者，亦不出于二也。如是，则二者道之体也，非其本体之二，何以使末流无往不二哉。"

道生一，一生二、二生三，三生万物。明道云："天下之物，无独心有对。"若只生一，则是独也。一阴一阳之渭道，道何尝在一之先？而又何尝有一而后有道哉？易有太极，易即阴阳也。太极何尝在阴阳之先？是生两仪，何尝生一尔后生二？穷尝谓太极不可名状，因阴阳而后见，一动一静，一昼一夜，以至于一生一死，一呼一吸，无在而非二也。因阴阳之二反求之太极，所以为阴阳者，亦不出于二也，如是则二者，道之体也。在中国，儒家切近人生，讲天人对立，执两用中；道家取消一切，一切取消，合成一天。庄子《齐物论》已经指出，人的意见，总想在此对立上面寻出一个统一来。承认对立，而将对立两者调和融通，每人便自然有了一条路，这就是中庸。中庸讲对立，讲合，但不主推而主止，此为中西一大别。若超出此对立之外求统一，则此超出之统一，又与被超出之对立者成为对立。若深入此对立之里面求统一，则此深入之统一，又与被深入之对立者成为对立，这样则依然仍是一对立。上帝和神，是超出此死生彼我而求统一的一个想法。据说一切由神造，一切回归于神，如是则神与一切对立。宗教转变成哲学，在一切现象之后面探究一本体。据说生死彼我均属现象，现象后面还有一本体，如是则本体统一了现象，然现象与本体仍属对立。此两种对立，宗教的和哲学的，其实形异而神同，只如二五之与一十。

公孙龙倡惟象之论，名相相符之外再无本体，此为从逻辑探究人生的入门法，告诉人名实不相符，即有名无实的东西只能在自己心里找到，藏于自己心里，而非藏于外物本身。这是逻辑学走到了后面的事。其实人类在语言与思想中发明了逻辑，最先也只是求在对立中寻统一的工具。如说"这是甲"，好像把"这"与"甲"统一了。然而此统一中，便显然有这与甲之对立。神与万物，本体和现象，亦只是这与甲之复杂繁变而已。与其说"这是甲"，不如说"这是这"。不要在这之外另寻一个甲来求与这统一，如此般寻求统一，无异在寻求对立。若真要避免对立，寻求统一，不如只在这之本身上求之。所以说这是甲，不如说这是这。与其说人生由神创造，不如说人生便是人生。与其说现象背后有本体，不如说现象便是现象。然而这是这，依然还是一对立。前一这与后一这对立，依然不统一。若真要避免对立，寻求统一，则不如只说这，更不说这是什么。一切人生，一切现象，直下皆是，生也是这，死也是这，我也是这，非我也是这，是也是这，非也是这，一切对立，一切矛盾，只一"这"字，便尽归统一，尽归调停了。佛家称此曰如，道家称此曰是，又曰然。佛家说如如不动，道家说因是已，又说万物尽然。一切皆如，一切皆是，一切皆然。生与死对立，如只说如，或只说是，只说然，便不见有对立。然而在此上便着不得言语，容不得思维。若要言，只言这，若要思，只思这，这是唯一可能的统一。中国人的逻辑学没有单独成一门学科，而是贯通到了实际思想生活中，并且一开始即是如此。其目的仍在讲人性的道理。举"国"字为正，则君臣之道明，不提"国"字而仅言君臣，则无以为正，君臣之道日丧；若言"爱"而不举天志，仅言父子，则无以辨明慈孝之爱与其他爱之不同。中国人的思维因其一向偏重在人文科学一边，致其对于知识之获得，常是人生实际经验之包括与会通，往往看不起抽象的由一个概念演绎、引申或偏向于形式方面的逻辑和理论。因此中国人之思想，似乎只是一种记录，具体而综括的记录。他们看轻了知识中之逻辑的理论的成分，因此也不易发展有长幅的、有系统的、纯思辨式的语言和文学。

（二）

横渠言："知太虚即气，则无无。故圣人语性与天道之极，尽于参伍之神变易而已。" 如是则整个宇宙只是一"变"，而并无所谓无。此种变，则只是一"和"，而并无所谓虚。然而这一个宇宙，只见这这如如是是然然，便成为一点一点分离，一节一节切断了的宇宙。这一个这这如如是是然然的人生，也是一个点点分离，节节切断的人生。人们在此宇宙中，过此人生，便只有突然顿然地跳跃，从生跳跃到死，从这一这跳跃到那一这。因为点点分离，节节切断了，这与这之中间似乎一些也没有联系，没有阶层次第了。所以虽像极静止，实在却是极跳动。但人生又哪耐得常如此突然顿然地跳动？形式逻辑本来是一种静止的逻辑。这这如如的逻辑，更是形式逻辑之彻底倒退。点点分离，节节切断，把宇宙人生的一些联系全解散了。但极度的静止之下禁不住一个大反动，却转成为极度的跳跃。这正犹如近代物理学，把一切物看做是静止

的，分析又分析，到最后分析出最跳动最活跃的原子粒一般。

中国人言格物即言心，往往主观、客观全成一体，客观与主观结合才能成一整体。西方人言格物即唯物，往往主穷究分离，重于客观。中国讲究先内而后外，先整理好自己，再去引导向外；西方则反之，先求之于外，再求之于己。一人一身产生一心，西方人需间接通过物质，进入彼身，最终入他心；而中国人一身亦产生一心，但却通过心与心直接的触动，产生心观物的变化，最终再反过头来，入人物身（图1）。西方人的观点，经验见称是主观的，主观常易引起对立。思维见称是客观的，他们想把客观的思维来统一主观的经验。人思如泉涌，汲之愈新，一切逻辑皆从思维中产生。西方人常认为善恶是相反对立的，中国人则认为这一端是善，那一端是恶，此两端可以相通而成一线，此两端乃同在一线上。若没有了此一线，亦何说有两端？是则此两端在实际上亦并非相反对立。在我们这现实世界里面，在我们这一实在人生里面，善恶只是一观念。不能说这世界，这人生，一半是善，一半是恶。或说在中间，便不善也不恶。这世界，这人生，既非至善，亦非至恶。我们并不站在此两极端上，而在此两极端之中间。既如此，则这一中间，岂不成为黑漆漆地，既非至善，亦非极恶；既无上帝，亦无魔鬼；既不是天堂，也不是地狱，人们在此黑漆漆的一段长过程中又怎么办？当知此世界此人生，虽非至善，却不能说其无善；虽非极恶，亦不能说其无恶；此善恶之辨虽不很明显，但也不能说其混同无辨。所辨在甚微小处，甚暗昧处。换言之，科学不能说是由伪向真；艺术不能说是由丑得美。科学真理本不与伪对立，艺术美化也不与丑对立。那只是从自然中演出人文。人则正贵在此微小暗昧处来分辨善恶，自定趋向。

西方：身 → 心 → 物 → 心 → 身
中国：身 → 心 → 心 → 物 → 身

图1

西方科学的概念定律、宗教的规律，皆是自外向内的一种约定，所以形式逻辑根本免不了对立。黑格尔辩证法，见称为动的逻辑，一连串正反合的发展，其实仍还是一个正反对立。本来，在希腊哲学里，形而上学

（Metaphysics）和本原系（Ontology）为兄弟，故现象与真如亦是不能分离。但他的绝对的客观精神，仍不免和物质界现象界对立，从这点看，黑格尔的观点更接近于现象论中的机械观——重视过程，而非现象论中的目的观——重视终点。东方人这这如如的观法，则是从经验倒退到纯经验直观的路上去，在此上把对立却真统一了。人生就是两种现象，散乱或者昏沉，不散乱也不昏沉的境界就是"定"，这是功夫修养的境界，这个修养并不一定要炼丹打坐，随时都可以从内心练习，也就是孔子的"克己复礼，天下归仁"。但这又苦于太突兀，太跳动。柏格森说的绵延与创造的所谓意识之流，其实则并非纯经验的直观，此二者间应该有其区别的。依柏格森的理论，应该说在心之解放之下，始得有纯经验之直观。但在东方人来看，纯经验直观里，似乎不该有记忆，而柏格森的所谓意识之流则不能没有记忆的，这是二者间区别之最要关键。再换言之，上述佛家道家这这如如的直观法，用柏格森术语言之，应该是意识之流之倒转，而非意识之流之前进。应该是生命力之散弛，而非生命力之紧张。柏格森要把纯经验的直观来把握生命之真实，其实仍是在深入一层看，仍逃不出上述所谓哲学上的对立之窠臼。因此柏格森哲学，依然是一种对立的哲学，生命与物质对立，向上流转与向下流转对立，依然得不到统一。柏格森认为只有哲学可以把握到真的实在之统一，其实依然摆脱不了西方哲学家之习见，遂陷入于西方哲学界同一的毛病。

（三）

现在说到中国的儒家。孟子说："以仁存心，以礼存心。仁者爱人，有礼者敬人。爱人者人恒爱之，敬人者人恒敬之。"即此爱敬之心，则已融人我而一之。人我非对立，只是一爱敬。此乃是一亲实经验，而非思维。凡所思维，则在爱敬上思维。思其当如何爱，如何敬而止，不越出爱敬上，别有思维。伊川学生曾问："学何以至有觉悟处？"曰："莫先致知。能致知，则思一日而愈明一日，久而后有觉也。学无觉，则何益矣，又奚学为？思日睿，睿作圣，才思便睿，以至作圣，亦是一个思。"思日睿，思虑久后睿自认生。若于一事上思未得，且换别一事思之，不可专守这一事。盖人之知识，于这里蔽着，虽强思亦不通也。伊川又说："欲知得与不得，于心气上验之。思虑有得，心中悦豫，沛然有裕者，实得也。思虑有得，心气劳耗者，实未得也，强揣度尔，揣度还是在闻见上求知，悦豫则在德性上真知。"知之真得与不真得，便在这上分。"闻见之知"，物交物，引而愈远，故觉心气劳耗；"德性之知"，乃此心知得义理，义理即吾性分以内事，故觉中心悦豫。颢讲"敬"要和乐，颐讲"知"要悦豫，仍皆可自己体贴得。就"和"所含意味及其可能发生的影响而言，在消极方面，是各种互相对立性质的东西的涌解。在积极方面，是各种异质的东西的谐和统一。所谓"思"，用古籍说之，亦是即是"格物"。所以说："随事观理，而天下之理得矣。君子之学，将之反躬而已矣。反躬在致知，致知在格物。" 闻见之知，非德性之知。物交物，则知之，非内也。今之所谓博物多能者是也。德性之知，不假见闻。格物与物交物不同。物交物则引而愈远，只是闻见。格物则有一限制，物与身接，其间有一理，此理则合内外，为我德性中所固有。所以亦说："致知在格物，非由外铄我也，我固有之也。因物而迁，迷而不悟，则天理无矣。故圣人欲格之。"可见讲"格"字有"限制"义。不要因物而迁，愈引愈远，要限制在物与我之相交点，而自明我德性所固有之理，则便非舍了德性而专求明物理。所以说："欲思格物，则固已近道矣。是何也，以收其心而不放也。可见格物不是放我心却随着物，乃是先走在物上穷其理，而此理乃不外于在我之德性。"故伊川又说："之见物理以察己。"如何叫观物理以察己呢？问曰："观物察己，还因见物反求诸身否？" 伊川曰："不必如此说，物我一理，才明彼，即晓此，合内外之道也。"如夫妇和合，父慈子孝，在我外与我对立之他，其实即吾心爱敬之所在。能爱敬与所爱敬，能所主客内外合一，体用无间，那才是真统一了。更何得视之为外在之一如，一是，一然。故此种经验不得只谓是一主体经验，因客体已兼融为一。即谓之是一客体经验，亦复不是，因主体亦同在此经验中也。如此则爱敬即人生本体，非仅属现象。但亦不得谓是唯心论。因爱敬必兼事物言，离事物亦即无爱敬可言矣。彼我如是，死生亦然。孔子曰："祭神如神在，我不与祭，如不祭。"则祭之一事，仍是此心爱敬之表现。死生一体，仍只在吾心之爱敬上。故孔子又曰："未知生，焉知死。"若离却此心之爱敬，又焉知死之为况乎。故孔子又曰："慎终追远，民德归厚。" 未致知，怎生得行？勉强行者，安能持久？除非烛理明，自然乐循。一切仍说在我此心之德上。而事物亦兼在其内矣。故此亦一经验，非思维也。因此在西方发展为宗教的，在中国只发展成伦理。中国人对世界对人生的义务观念，更重于自由观念，在西方常以义务与权力相对立，在中国常以义务与自由相融合。义务与自由之融合，在中国便是"性"(自由)与"命"（义务）之合一，也便是"天人合一"。

阳明天泉证道曰：

> 利根之人，直从本原上悟入，人心本体原是明莹无滞的，原是个未发之中：利根之人一悟本体即是功夫，人己内外一齐俱透了。其次不免有习心在，本体受蔽，故且教在意念上实落为善、去恶，功夫熟后，渣滓去得尽时，本体亦明尽了。汝中之见，是我这里接利根人的：德洪之见，是我这里为其次立法的。二君相取为用，则中人上下皆可引入于道：若各执一边，跟前便有失人，便于道体各有未尽。既而曰："已后与朋友讲学，切不可矢了我的宗旨。无善，无恶是心之体，有善、有恶是意之动，知善、知恶是良知，为善、去恶是格物。只依我这话头随人指点，自没病痛，此原是彻上彻下功夫。利根之人，世亦难遇。本体功夫一悟尽透，此颜子、明道所不敢承当，岂可轻易望人。人有习心，不教他在良知上实用为善，去恶功夫，只去悬空想个本体，一切事为俱不着实，不过养成一个虚寂；此个病痛不是小小，不可不早说破。

思维属知，有知无仁，则为西方之哲学。否则亦如庄周释迦之所见，能知所知，终成对立。释氏虽有了人心之说，然其未了者，为其不先穷理，反以为障，而于用处不复究竟。唯儒家摄知归仁，则无此病矣。良知良能。爱亲敬长之本心，儒者则扩而充之，达于天下。释氏则以为前尘，为妄想，批根拔木而殄减之，二者正相反。伊川曰："须是知了方能行。若不知，只是虚见了尧，学他行事，无尧许多聪明睿智，怎生得如他？"故儒家不像西方神学家般超在外面看，也不像西方哲学家般深入里面着。见父自认知孝，见兄自然见

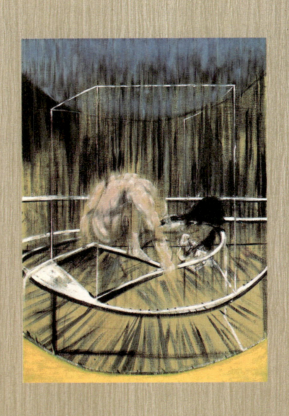

弟，见孺子自然知恻隐，此便是良知，不假外求。若良知之发，更无私意障碍，计所谓无其恻隐之心而仁不可胜用矣。徐爱因未解阳明知行合一之训，与宗贤、惟贤往复辩论，未能决，故问阳明。阳明曰："试举看。"爱曰："如今人尽有知得父当孝、兄当悌者，却不能孝、不能悌，便是知与行分明是两件。"先生曰：

> 此已被私欲隔断，不是知行的本体了。未有知而不行者。知而不行，只是未知。圣贤教人知行，正是安复那本体，不是着你只恁的便罢。故《大学》指个真知行与人看，说"如好好色，如恶恶臭"。见好色属知，好好色属行。只见那好色时已自好了，不是见了后又立个心去好。闻恶臭属知，恶恶臭属行。只闻那恶臭时已自恶了，不是闻了后别立个心去恶。如鼻塞人虽见恶臭在前，鼻中不曾闻得，便亦不甚恶，亦只是不曾知臭。就如称某人知孝、某人知悌，必是其人已曾行孝行悌，方可称他知孝知悌，不成只是晓得说些孝悌的话，便可称为知孝悌。又如知痛，必已自痛了方知痛，知寒，必已自寒了；知饥，必已自饥了；知行如何分得开？此便是知行的本体，不曾有私意隔断的。圣人教人，必要是如此，方可谓之知，不然，只是不曾知。

儒家态度比较近于道佛两家，所以共成其为东方系统。儒家是偏倚经验，尤胜于偏倚思辨的。但道佛两家要从经验退转到纯直观的阶段，以求主客对立之统一。儒家则从经验前进，通过思辨而到达客观经验之境地，以求主客对立之统一。其求统一虽一，其倚重主观之经验虽一，而其就常识经验之地位而一进一退，则互见不同。正为儒家加进了我心之爱敬一份情感在内，所以与道佛又不同了。此处所谓客观经验，若再以柏格森术语相比拟，则有似于其所谓之纯粹绵延。此一种纯粹绵延，乃是生命本体，或说意识大流，穿越过个体生命之意识流而存在者。唯这一观念，无疑是思辨超越了经验，所以成其为西方的哲学。而中国儒家则在心之长期绵延中，必兼涵有此心之情感部分，即前述我心之爱敬，此乃把情感亦兼涵在意识之内，而与西方人只言纯理性，纯思辨，纯知识之意识大流又不同。故朱子言："理者天之体，命者理之用，性是人之所受，情是性之用。"照此所谓的一穷理，应该面穷到宇宙之大全体。天命流行，落到人身便见性，性之作用发露便是情。这是顺推下来的话。若逆推上去，则他采用了张载"心统性情"的一语，所以一切功夫与方法，全要偏主在心上。所以他还竭力注重"涵养须用敬"一语。但他不说有所谓心体。他总认为一说心体便落空渺茫了。但他不认有所谓心体，他总认为一说心体便落空渺茫了。体只属性与理，如是便注重到外面的事物，便一切著实，不落空。心则是工夫的把柄，但又说心统了性情，便不致把工夫与本体划分了。

今再浅白言之，若由纯知识的探讨，则彼我死生自成两体对立。加进了情感，则死生彼我自然融会成为一体。实则此一体，非有情感，则无可经验。而兼有了情感，则自无主客之分了。又试问如柏格森言记忆，使无情感，又何来记忆呢？

今再说及此种客观经验如何来统一许多主观经验之对立，在先秦儒道两家都用一道字，而佛教之华严宗则改用一理字，创为理事无碍之论来作说明。每一事就其事之本位，即每一事之主观性言，则与别一事为对立。就其事与事间之条理言，则事与事之对立消失而形成为一种统一。所以说一理万事。每一事是一经验，集合万事散殊之经验，而成一客观经验，使可经验到一理。所谓客观经验者，乃在此万事中抽出一共通条理而统一此万事。否则万事平铺散漫，势将转入这这如如之境，此则为一种纯经验。又否则必然超出于万事之上，或深入于万事之里，而另求统一，则为宗教与哲学。今则不超于万事之上，不入于万事之里，只就万事而在其本身上籀出其相互间之共通条理，认识其相与间之联系而统一之。故理不在事之上，亦不在事之后，乃只在事之中，只就于事之本身中寻统一，故为真统一而非对立上之统一。此后朱子即颇采华严宗言，而倡理气同源论。惟朱子言性即理也，性之内即包有情，故又说："仁者心之德，爱之理。"亦仍把此理字观念兼容到内心情感上来，不失儒家之大传统。故其言大学格物致知必以吾心之全体大用与众物之表里精粗并言。

故经验中必兼情感，而思维则只紧贴在情感上，此则唯中国儒家为能畅发其深义。故西方哲学思维都属无情的，即言其宗教信仰，生人之对于上帝似若有情，实亦无情，惟其思维信仰无情，故经验亦无情。道佛两家，道家属思维，佛家杂有信仰但亦多偏于无情。唯儒家则经验思维皆有情，故遂为中国文化之大宗。

（四）

黑格尔认为，知识是可以触类旁通的，但那只是大体上的，空泛的。若是用旁通的知识去解释稍微具体一点的事，就进入了滑稽说的观点，至少是用一种部分形式化的自由去追逐真正的自由。知识必附随于对象而起，对象变，则求知的心习与方法亦当随而变。知识对象，大体可分为自然与人文两大类。或分为物质与生命两大类。生物学在第一分类应归入自然，与人文不同。在第二分类，则与人文同列，而与物质不同。若把一切知识作一简单之序列，从自然到人文，最先应为数学与几何，即最抽象的象数之学。其次为物理与化学，再次为天文与地质，这些全是无生命的物质。其次为生物，再其次为人文学。人文学中再可细分各部门，自成一序列。

象数之学有一特征，即为最抽象最不具体的，因此也为最可推演的。二加二为四，一个三角形之三个角，等于两直角。这些不烦一一证验，一处如此，到处皆然，一时如此，时时皆然。若使外太空有人类，他们也发明数学与几何，势必仍是如此。因此易于使人想象其为先经验而存在的，此亦谓之先天，乃是谓其不烦人类之一一再经验。这些知识最可推概，推一可以概万。人类习熟于此等知识，便喜运用演绎。但这些只限于象数之学的范围，物理学化学便不尽然。物理与化学也建筑在抽象的形式上，也可用象与数的公式来推演。但已有了实质，已有了内容，已逐渐地具体化了。天文与地质，则更具体，更有内容，推概的范围便需更缩小。今天太阳从东方出，明天太阳从东方出，但你绝不能说千万世以后永远有太阳从东方出。天地变了，太阳可以不再从东方出。但若另一天地中亦有数学，你仍可想象他们那个世界的数学，仍是二加二等于四。原来象数之学，本是一种静定的学问。何以能静定，因你把一切具体的抽象化了，至成一形式，并无内容存在，自然可以静定。若你把具体内容加进，便立刻会发生变动。有些物理学和天文学，也不过应用那些象数之学的法门，把具体的抽象化，将内容摆除开，变成纯形式的，好据此推概，而也适当我们所需要之应用，遂成其为今日举世震惊的自然科学。其实近代自然科学已有不少运用了综括的知识，归纳法的重视，近代自然科学也不能自外。但到底抽象重于具体，重量过于重质，推概重于综括，演绎重于归纳，人类还是想慕那些超经验的客观的自明真理，而象数之学还是今日一切自然科学之主要骨干。

再说到生物学，这已在自然物质中间添进了生命。生命与无生命的区别，直到如今，没有人说得清。至少生命是有经验的，物质则只有变动，不好说有经验。东风吹到西风，上水流到下水，只是变动，也还只是一种形式，不能说风与水在变动中有它自身内部的经验。生物如最低级的原形虫阿米巴，稍高级的如一丛藓苔、一根草，你不能说它绝没有一种觉知，你便不能说它绝没有一种经验。生命愈演进，生命的内部经验愈鲜明，愈复杂，愈微妙，于是遂从物质界里发展出精神界。物质界一切变化是纯形式的，生命界的一切变化，则在形式里面赋以内容，即是变化中附随有经验。经验之累积，便成其为精神界。试问对于这一界的知识，如何可以仍用纯形式的，无内容的，超经验的象数之学一类的静定的格套来驾驭，来推概？我们对于生物学的知识，只有把一切生物的一切现象，只要能知道的，全部罗列，做成各种分类，排成各种序列，来解释，来想象，来透进其内部而从事于再经验。这只是一种综括性的盖然的知识，决不能造成推概性的必然的理论。

生命中有人类，人类生活演进而有历史与文化。所谓人文学的一切知识，更需综括，更只能获得一种大体势的盖然性的想象和解释。而且人文学也不比生物学，每一类别中，复有极大的个性差异，有显著的标准性与领导性的优级个性之存在。譬如你研究政治，在政治经验里，便有不少具有标准性领导性的优异人物。譬如你研究宗教，在宗教经验里也有不少具有标准性领导性的优异人物。在每一类别中，又有不少的类别。你如何再能留恋在那些无内容无经验，而纯形式的空洞的，像象数之学一类抽象的硬性推概的必然定理，来想把握到人事之万变的盖然的活动知识呢？

西方人对抽象的象数之学，很早就发生兴趣。柏拉图的学园，大书"不通几何学者勿入吾门"。后来中世纪的神学，近代自然科学都不论。即如他们的哲学，也几乎全站在某一点上向前作直线的推论，逻辑的必然性的超经验的演绎，无限向前。宇宙论形而上学占了绝大篇幅。留着很少的地位落到人生论，以为如此般地便可以笼罩人生。直要到黑格尔的历史哲学，始算是正式在人文学上用心思。然而他是用哲学来讲历史，仍不是用历史来创哲学。他的有名的辩证法，依然是一套像数学的抽象精神在里面作骨子。马克思的唯物史观，开始从人文学直接引出行动，而有俄国式的无产阶级革命。这是一套运用科学精神的革命。如实言之，是运用一套自然科学精神来在人文社会中革命。先从某一点上直线推演出一套理论，再从这一套理论上用革命手段来求其实现。凡与这一条直线的理论不相适合的一切排除。自然科学家所谓的大胆假设，小心求证，全用上了。无产阶级革命的理论，便是一番大胆的假设。革命过程中严格的规定路线，统一理论，清算反动思想，统一革命步调，便是自然科学家在实验室里小心求证的一套功夫。

中国人一向在自然科学方面比较像是落后了，但其心习与其求知的方法，似乎与人文科学较为接近，较为合适。人有四缘，曰亲因缘（自己的前世今生）、曰福上缘（父母道传）、曰所缘缘（今生努力）、曰无因缘（不仅指人，也指世间万物因缘），亲因缘已在科技之外，故中国人不认同西方逻辑的推，而认名家的止。他们尊重经验，爱把一点一点的经验综括起来，不肯专从某一点经验上甚至某一个概念上来建立系统，更不敢用一条直线式的演绎来作出逻辑的必然定论。只在每一点经验上有限地放大，做成一小圆形的盖然的推说。点与点之间，常留松动与推移之余地。不轻易想把那些一点一点的经验在某一理论下严密地组织。理论决不远离了经验向前跑。不轻易使理论组织化与系统化。他们的理论只是默识心通，不是言辩的往前直推。他们爱用活的看法，深入一物之内里，来作一番同情的再经验。他们常看重优异的个别性，看重其领导性与标准性，因此不爱作形式上的类别，重质而不重量。常爱作一浑整的全体看，不爱分割，不尚偏锋。物质虽属自然，却易用人力来改造。精神虽属人文，却需从自然中培养。西方人偏重自然，因此常爱用理想来创建人文。东方人看重人文，因此常爱用同情来护惜自然。心习不同，求知的方法亦不同，因此双方的文化成绩也不同。近代在西方人领导下，人文知识落后，已与自然科学的前进知识脱节。如何融会贯通，我们东方人也该尽一些责任了吧！

文字与文化

（一）

　　理想在层次上是有从属关系的，这是一个心灵境界的问题。而感性材料虽然与理性思想之间有本质的差别，但在感性材料自身范围内，仍可以根据其善于表现观念、理性思想的能力对其进行划分，如文字就属于较高层次的材料。因为文字经历了一个由简到繁，再到简的净化过程，本身已经随着它所承载的思想经历了一个变化，特别是中国文字。一民族文化之造诣，与其民族文字文学之功底，如影随形，体用无二。故入国问俗，探寻一个国家文化未来之走向，必先从最基础之考文识字开始。当下常有人言，国内制作之专题片，与西方纪录片最大区别在于前者以旁白叙事为主，后者以镜头语言叙事为主。这种论断似是而非，知其然不知其所以然，文字与镜头的叙事非仅是不同手段，其背后直透不同文化差异之间的，非真切了解其传递信息所用之途径，即不能深透两者民族内心而把握其文化之真源。故欲论文化在中国之特殊发展，莫如以中国民族之文字与文学为之证。

　　中国文字发源于中国本土，非外系所传，纵论从古至今，不见有相似可比拟者。而中国文学艺术之延展，即本此独创之文字，亦复自成一系，有其特殊之精神与面貌。纵论其言语文字运用所波及之地域及其所绵历之时间，亦可谓举世无匹。

且就人尽耳熟能详者言之："彼黍离离，彼稷之苗。行迈靡靡，中心摇摇。知我者，谓我心忧；不知我者，谓我何求。悠悠苍天，此何人哉？"此已是三千年前之歌谣；"夫秦失其政，陈涉首难，豪杰蜂起，相与并争，不可胜数"，此亦是两千年前之历史记载；子曰："富与贵，是人之所欲也，不以其道得之，不处也。贫与贱，是人之所恶也，不以其道得之，不去也。君子去仁，恶乎成名？君子无终食之间违仁，造次必于是，颠沛必于是"，此乃两千五百年前一至圣先师之言辞；"穷发之北有冥海者，天池也。有鱼焉，其广数千里，未有知其修者，其名曰鲲。有鸟焉，其名为鹏，背若太山，翼若垂天之云"，此亦两千三百年前一智者之著作；"'为肥甘不足于口与？轻暖不足于体与？抑为采色不足视于目与？声音不足听于耳与？便嬖不足使令于前与？王之诸臣，皆足以供之，而王岂为是哉？'曰：'否。吾不为是也'。"此又两千三百年前哲人之对话；"道可道，非常道。名可名，非常名"，此又两千数百年前一哲人之格言。

中国文字最早创造之年代，今尚无从清晰明断。河南安阳之甲骨文字，考其年代已在三千年以上。其文字虽本于象形，却不为形拘，极于和声，而亦不为声所限，此最中国文字之优势所在。其文字之结构，实有特殊之优点。埃及、巴比伦、中国三者文字为世界最古老之文字，其先皆宗象形。然就三者之神形而论，实以中国文字最胜。巴比伦文字，称之楔形，其形为尖，横竖钩撇，皆成三角，又皆用直线，颇难繁变。埃及文则神似绘画，其文字多未能离画独立。中国文字线条蜿蜒曲折，较之巴比伦楔形与直线，形态万端；描摹轮廓形态，虚中有实，传其精神意境，灵活超脱，远胜埃及。但中国文字虽曰象形，却只是其中一端。三形错综变化，实融会中国艺术之妙境。且举一例，"辟"字古语多有分开一边之意。故壁者，屋室由土而隔；臂者，双手分侍身旁；嬖者，女侍分侍两旁；僻者，人走一边，路走偏锋，不在正途；闢者，两旁开门也；譬者，借旁喻引申，使人知晓正意；癖者，偏爱一旁，有所嗜好。故形声字，行有义，声亦有义。形声相叠，声互为通，义随其变。如"辟"字通"边"，"边"字通"旁"，亦通"偏"，故能通声识义，变化万千。而巴、埃两国文字发展路线单一，最终只有改弦易张，故皆以象声承象声。于是迦南人继之变其趋向，取用字母，而非分音；借形定音，拼音成字。希腊人以元辅音相配，袭其成法，遂启近代欧洲文字。希腊人非自创文字，而承袭于迦南人。迦南人非自创文字，承袭于埃及、巴比伦。然此一线文字皆随语言而变，于是经年累月与境俱变。若视西班牙语、葡萄牙语、法语皆为一地方言，观欧洲诸国，相去不到百里而方言各异，文字亦随方言有别。就英文言，普通考试字典收录单词即常逾一两万字。其字数随时代之发展仍不停增长，更不计比邻异文。而中国三千多年前之甲骨贞卜文字，计四千多字。至秦汉统一后之《仓颉》《博学》《爰历》等文，均不过三千余字，下至专门研究文字之字典《说文解字》，亦不过八千余字。此书专攻逸文广体，殊不能多。现代汉语字典，所收六万九千余字。然此六万余字实足以涵盖中华上下五千年之历史。故中国文字实非增创之难，乃由中国文化自身之进步，自走新途，不尚另辟新途，重在熟练运用，更换其组合排列，从新为缀比，即见新义，亦成为变。形事可像则象形象事，若形事皆无则会意，会意若无则形声。大率独体文多象形，合体字象则事意声。文母字子，字由文生，而又互生。若夫以象形始，继之则以指事，又辅之单字相组合或颠倒减省而会意，以形声相错综而形声。故中国语言文字相辅相成，相得益彰。物形有限，口音无穷，互不妨碍。夫纵观西方文字，主率声衍。人类语言百年之内无有不变。而文字随语言而变，如与影竞赛，身刚及而影又挪。如积土成殇，后来者居上。新字日变，语音叠起。文字递增，人力有所不逮。百年前之文字，已成古文。改朝换代，即需新文。以雅利安为其文字之始，则其未有文字之前，国已四分五裂，诸邦用其方言数千年之久。迨其始制文字，因方言各有所别，只能延溯方言，穷其共有之语根，而知诸异初本一源。然因无文字在案，其民风民俗，法律制度，由同趋异，渐行渐远。故厚己而薄彼，荣今而贱古，分而不合，长往莫返。而中国文字之繁衍增多，复有转注。转注生于本意。本意不足，则转而有假借。假借与转注，亦本于四象而超于四象。经为四象，纬为注借，此中国文字之所谓六书。六书中十分有九者为形声字，北至河、洛，南曰江、漾，方言有别，制字亦异。而古人称暮，后人称莫；古人言蚤，后人言早，亦复字随音转，各有其时。故在昔有谦士之右文，近有清儒之训诂，皆为推本音语，溯其本源之作。故中国文字与语言自始即相互亲近。唯其与语言相亲接，故自具特有之条件，可不随语言而俱化，方能相互融通，沟贯百世，此中国文化绵延之悠秀，融凝之广博，而依附于文字者独深也。中华民族之文化绵延愈久，其相互融通愈紧，故文字数量不至于增无止境，使其掌握着不胜负荷。如《说文》曰："骘，牡马也。"今称之牡马。又马之肤色浅黑，古称之曰："骢"，今仅能描述其马色浅黑；马之口衔脱，古称之驰，今仅能描述马之口衔脱落；马之放牧地曰"駉"，今仅能称之牧马苑。此类不胜枚举。古语郅若牡马之声，故于此造象声之"骘"字。世势转移，只知雄马、公马为牡马，则骘字不再援用。此因文字随语言而随之省略，自变自通其例也。

论、孟、诗、书、庄、老，皆尽中国两千年来学者尽人必读之书。即使是两千年后之今日，翻阅两千年前之经典著述，文虽有繁简，但字意同，语法同，明白如彼，了然如此。中国人于此习以为常，不以为鲜见。可若游历巴比伦、埃及、中东等国，寻问其土著，于彼千百年前所创图形表音文字，犹能识者几何？不仅如此，即古希腊文、拉丁文，今日欧洲饱学之士能识能读者又几稀？更甚者，即使十四五世纪，西方以经典哲史传世之巨作，今日之宿学，非引经据典亦不能骤晓。现代之新兴事物，必有新兴之言语与之对应。汽车高楼，电影电视，诸如此类，中国文字习以旧语代新名。字数不加，而意思益增。若为现代事物，皆求其雅言，则虽有相应古字可以比拟，然却不必如此。车之轮胎，古文曰辋，行车暂停，古文曰辍。而今直言车胎，不用辋字，复不为车胎另造新字；车行暂停，则直言车站，不必假借辍字，亦不必制造新词。由此可见，中国语言文字生动简易。辋辍未必雅，车站、车胎未必俗。夫中国文字简便，一字一音，一音一义。若单音字不足济用，则数字数音连缀，旧字相连而成新语，则新语不穷，而字数不增。如车站、车胎，视之为一新字亦无不可。且字、音互为表里，由音生义，字本有义，而后由义生音、故音义循环，相互支撑，字义之变不至于太急，而语音之变又不至于不速。惟其音义回环相济，故虽方言俗语，亦能日日新，月月新，而终畔于雅文通义之周侧，相去弗远。久而久之，有俚语而登堂雅言之行，有通文而降格生僻之伍者。故中国文字常能消融方言，冶诸一炉。语言之与文字，不即不离，相为吞吐。与时而俱化，随俗而尽变。此又中国文字不主故常，而又条贯如一，富有日新，而能递传不失之妙用也。

（二）

中国之文学素来好雅。春秋孔子删《诗》，其事不可考。据《春秋左传》所载，当时各国民谣诗歌，决不尽于《诗》之国风所录。十五国风之作，皆经各国王室、士大夫增笔润色，故无论地理范围有多宽广辽阔，东西南北，济渭淮河，齐秦陈唐，皆能音和管弦，登大雅之堂 。其诗风意境，相差不远。故孔曰："不学诗无以言。" 乃知文趣交会；又曰："诵诗三百，使于四方，不辱君命。"乃表明诗歌亦为彼时国间交流沟通之桥梁。吴季札聘鲁，请观周乐，为之歌周南、召南，曰："美哉！始基之矣！犹未也，然勤而不怨矣。"为之歌邶鄘卫，曰："美哉！渊乎！忧而不困者也。是其卫风乎？"为之歌王，曰："美哉！思而不惧，其周之东乎？"为之歌郑，曰："美哉！其细已甚，民弗堪也。是其先亡乎？"为之歌齐，曰："美哉！泱泱乎大风也哉！国未可量也。"为之歌豳，曰："美哉！荡乎！乐而不淫，其周公之东乎？"为之歌秦，曰："此之谓夏声，其周之旧乎？"为之歌魏，曰："美哉！沨沨乎！大而婉，险而易行。"为之歌唐，曰："思深哉！其有陶唐氏之遗民乎？"为之歌陈，曰："国无主，其能久乎？"

《诗》之国风，诗声一贯，与雅、颂同乐同言，虽已经历重新洗练，但季子闻乐而知民风民俗，则此雅化之诗歌，仍旧带有一方乡土之气也。循此以往，文学诗风中乡土之情日渐，而雅致通和之气日增。虽时代不同，不同地域乡土之气时有新增，如战国之后风行之所谓楚歌吴调，此为国风所未收录者，然离骚与雅言，早已融会贯通。故屈原之楚辞以地域之气始，而不以其终。乃以各色之地方色彩，融入文学大统之全体而日见其富美。《汉书·艺文志》中，汝南吴楚诗歌15篇，河间邯郸诗歌4篇，郑齐诗歌4篇，蒲坂河东诗歌1篇，秦歌京兆尹诗歌5篇，洛阳诗歌4篇，周诗河南7篇，此即汉乐府，所谓国风之遗韵。其不脱离一方水土之颜色与人情，但当时文学之大流，则在骚赋而非风诗。

魏晋以下诗人模拟乐府旧题者绵缀不绝。此如汉人之效为楚辞，前此地方性之风味，早已融解于共通之文学大流，实不在其能代表地方性，而尤在其能代表共通性。此即所谓雅化也。若以今人观念言之，则中国人之所谓雅，即不啻今日言国际文学与世界文学也。而中国人之所谓俗，实即相当今日所谓之民族文学与国别文学。古者声诗一贯，诗三百皆以被管弦。而颂之为体，式舞、式歌，犹演剧也。然声常为地域限。强楚人效北音，强齐人效西音，终非可乐。故自汉而后，乐府亦不为文学正宗，而音乐之在中国亦终不能大盛。魏晋而下，钟王踵起，书法大兴。书法固不为地域限，虽南帖北碑，各擅精妙，而结体成形，初无二致。抑且历久相传，变动不骤。故中国文人爱好书法，遂为中国特有之艺术，俨与音乐为代兴。学者果深识于书法与音乐二者兴衰之际而悟其妙理，则可以得中国传统文化之一趣，而中国文学演进之途径，亦可由此相推而深见其所以然之故矣。

今观楚辞、南方传说志怪，可谓极盛。然风诗之正统亦传于楚骚，盖屈原、宋玉、唐勒、景差之辈，莫不深情雅化而渐离随俗。故楚辞终为中国古代文学一新芽，终不仅以为楚人之辞而止。及至汉初，蜀中文化亦辟。今观《华阳国志》《蜀王本纪》所载，其志怪神话，亦殊玮瑰绝丽。然以司马相如卓荦文杰之才，终不甘自限一隅，必梁国远游，未曾执笔述乡土以媚俗。彼时齐之邹阳、吴之严忌夫子、淮阴之枚乘，游士诸侯相率而起。相如与彼相居数年而著子虚赋，遂卓然而成汉赋大国手。若使相如不事远游，终老临邛巴蜀之间，不寄情于雅化，不结交东方游士，自以蜀语说蜀故而媚于蜀之乡里，则适成其为一蜀人而已矣。蜀之先有楚，楚之先有齐，若复一一如此，则齐楚亦夜郎也。纵使有负鼓盲翁如荷马者，生于斯时，挟其齐谐志怪之书，遍历三齐七十余城，歌呼淋漓，绘声绘色，亦仅如下里巴人，而不能为阳春白雪。西方文学之两大宗为史诗与剧曲。而在中国则以诗征史，史诗分途。荷马略当耶稣纪元前9世纪，适值中国西周厉宣之际。崧高、烝民、韩奕、江汉、六月、采芑、车攻、吉日、鸿雁、庭燎、斯干、无羊，风雅鼓吹，斯文兴盛。伊士奇悲剧第一次获奖之年，正孔子自卫返鲁之岁（公元前484年）。

孔子曰："吾自卫返鲁，然后乐正，雅颂各得其所。"循是以下，不数百年，孔子本于鲁史而作《春秋》，左丘明汇一百二十国宝书而作《左传》，其时中国史学已日臻光昌，而诗书分科，史之与诗，已有甚清晰之界线。《荷马史诗》之写定年代，今虽无从悬断，虑亦不能与此大相径庭。正以中国早成大国，早有正确之记载，故如神话剧曲一类民间传说，所谓齐东野人之语，不以登大雅之堂也。

（三）

中国文学之骨干，大体分为三类，曰史、论、诗。中国文学常以诗史之心情出论辩之理论。北溟有鱼，论而近诗。孟子见梁惠王，论而即史。诗史为中国人生之表里，亦即中国文化之基石。温柔敦厚，诗教也。疏通知远，书教也，絜静精微，易教也。诗书之教可包礼乐，易则微近于论。木落而潭清，归真而返璞，凡不深于中国之诗与史，将不知中国人之所为论。史籍浩繁，史体恢宏，旁览并世，殆无我匹。中国民族之文学才思其渗透而入史籍者，至深且广。诗者，中国文学之主干。诗以抒情为上。盖记事归史，说理归论，诗家园地自在性情。而诗人之取材，则最爱自然。宇宙阴阳，飞潜动植，此固最通方，不落偏隅之题材也。然则风花雪月，陈陈相因，又何足贵？不知情景相融，与时俱新。有由景生情者，有由情发景者。故取材极通方，而立意不蹈袭。"昔我往矣，杨柳依依。今我来思，雨雪霏霏。"杨柳之在诗三百，固屡见不鲜。然后人曰："忽见陌头杨柳色"，此又一杨柳也。"杨柳岸晓风残月"，此又一杨柳也。中国诗人上下千万数，诗集上下千万卷，殆无一人不咏杨柳，殆无一集无咏杨柳诗。然不害光景之常新。"月出皎兮"，月之在诗三百，又屡见不鲜。然后人曰："明月出天山"，此又一月也。"暗香浮动月黄昏"，此又一月也。诗人千万数，诗集千万卷，何人不咏月，何集不有咏月诗？然亦不害其光景之常新。天上之明月，路旁之杨柳，此则齐秦燕越，共睹共晓，故曰，通方也。次乎自然则人事。即如萧选所分诸类，如燕饯、游览、行旅、哀伤，大率皆人人所遇之事，亦人人所有之境，则亦通方也。否则如咏史、咏怀，史既人人所读，怀亦人人共抱。要之，其取材皆贵通国通天下，而不以地方为准。

中国文学之亲附人生，妙会实事，又可从其文体之繁变征之。专就诗言，三百篇之后，变之以骚赋，广之以乐府。魏晋以下，迄于唐人，诗体繁兴，四言、五言、七言，古近律绝，外而宇宙万变，内而人心千态，小篇薄物，无不牢笼。五代以下有词，宋元以下有曲，途径益宽，无乎不届。汉魏以下之文章，凡萧选所收，后世谓之骈体，大多皆赋之变相耳。此可名曰散赋。韩愈以下之文章，凡姚选所收，后世谓之古文，则亦诗之变相耳。可名之曰散诗。大凡文体之变，莫不以应一时之用，特为一种境界与情意而产生。又不徒此也，前言西土文学下行，中国文学上行，此亦特举一端言之。中国文化环境阔而疏，故一切宗教、文学、政治、礼律，凡所以维系民族文化而推进之者，皆求能向心而上行。否则国族精神散弛不收。然而未尝不深根宁极于社会之下层，新源之汲取，新生之培养，无时不于社会下层是资是赖。文学亦莫能逃此。"文以载道"，正为此发。及于交通日变，流布日广，印刷术发明，中国文学向下散播活动亦日易。故自唐以来小说骤盛，并有语体纪录，始乎方外，果及儒林。宋元以来，说部流行，脍炙人口，如《水浒传》《三国演义》《红楼梦》诸书，独《红楼梦》年代较晚，《水浒传》尚当元末，乃在公元14世纪之后半。其时欧洲民族国家尚未成立，近代英法德俄诸国新文字尚未产生。《三国演义》倘稍后，亦当在近代欧洲各国新文学出世之前。若论禅宗语体纪录，则更远值公元8世纪之初期。至于晚明昆曲，其剧情表演之曲折细腻，其剧辞组织之典雅生动，其文学价值之优美卓绝，初不逊于西方，而论其流行年代，亦正当与英伦莎翁诸剧先后比肩。昆曲何以产生于晚明之江南？此亦由当时江浙一带文化环境小而密，学者聪明，乐于随俗，而始有此等杰作之完成。元代戏曲盛行，则由蒙古入主，中国传统政治破坏，学者聪明无所泄，故亦转向于此。雅化不足以寄情，乃转而随俗。向上不足以致远，乃变而附下。此正足证吾前此之所论。凡中国文学演进之特趋，所以见异于西方者，自有种种因缘与相适应而感召。而唐宋以来随俗向下之一路，愈趋愈盛，并有渊源甚古，惟不为中国文学之正趋大流耳。

（四）

　　所谓中国文学贵通方，非谓其空洞而无物，广大而不着边际。谓中国文学尊传统，亦非谓其于当身四围漠不经心。中国文人常言文以载道，或遂疑中国文学颇与现实人生不相亲，此又不然。凡所谓道，即人生也。道者，人生所不可须臾离，而特指其通方与经久言之耳。文学萌苗于小环境，故其作者所要求欣赏其作品之对象，即其当身四围之群众。而其所借以创作之工具，即文学，又与其所要求欣赏对象之群众所操日常语言距离不甚远。故诸作家常重视现实，其取材及表达，常求与其当身四围之群众密切相接。因此重视空间传播，甚于其重视时间绵历。一剧登台，一诗出口，群众之欢忻赞叹，此即彼之钟子期与郢人也。而所谓藏诸名山，传诸其人，豹死留皮，人死留名，此乃中国传统所尚。因其文学萌苗于大环境，作者所要求欣赏其作品之对象，不在其近身之四围，而在辽阔之远方。其所借以表达之文字，亦与近身四围所操日常语言不甚接近。彼之欣赏对象，既不在近，其创作之反应，亦不易按时刻日而得。因此重视时间绵历，甚于重视空间散布。人不知而不愠，以求知者知。钟子期之与郢人，有遥期之于千里之外者，有遥期之于百年之后者。方扬子云之在西蜀，知有司马相如耳。故司马赋子虚、上林，而彼即赋长杨、羽猎。及久住长安，心则悔之，曰：“雕虫小技，壮夫不为。”于是草《太玄》模《周易》，曰：“后世有扬子云，必好之矣。”其所慕效者在前世，其所期望者在后世。下帷寂寂，斯无憾焉。若演剧之与唱诗，则决不能然。苟无观者何为演？苟无听者何为唱？故而西方文学家要求之欣赏对象，即在当前之近空，而中国文学家要求之欣赏对象，乃远在身外之久后。此一不同，影响于双方文学心理与文学方法者至深微而极广大。故西方文学尚创新，而中国文学尚传统。西方文学常奔放，而中国文学常矜持。阮籍孤愤，陶潜激昂，李白豪纵，杜甫忠恳，而皆矜持，尊传统。所谓纳之轨物，不失雅正。故西方文学之演进如放花炮，中国文学之演进如滚雪球。西方文学之力量，在能散播，而中国文学之力量，在能控搏。夫并论中西，非将以衡其美丑，定其轩轾。如实相比，则即彼而显我，拟议而易知也。谓西方文学有地方性尚创新，非谓其真困于邦域，陷于偏隅，拘墟自封，花样日新，而漫无准则也。谓中国文学贯通方尊传统，亦非谓其陈腐雷同，无时地特征，无作者个性也。盖西方文学由偏企全，每期于一隅中见大通。中国文学，则由通呈独，常期于全体中露偏至。故西方文学之取材虽具体就实，如读莎士比亚、易卜生之剧本，刻画人情，针砭时滞，何尝滞于偏隅，限于时地？反观中国，虽若同尊传统，同尚雅正，取材力戒土俗，描写必求空灵，然人事之纤屑，心境之幽微，大至国家兴衰，小而日常悲欢，固无不纳之于文字。则乌见中国文学之不见个性，不接人生乎。今使读者就莎士比亚、易卜生之戏剧而考其作者之身世，求见其生平，则卷帙浩繁，茫无痕迹。是西方戏剧虽若具体就实，而从他端言之，则又空灵不著也。若杜甫、苏轼之诗，凡其毕生所遭值之时代，政事治乱，民生利病，社会风习，君臣朋僚，师友交游之死生离合，家人妇子，米盐琐碎，所至山川景物，建筑工艺，玩好服用，不仅可以考作者之性情，而求其歌哭謷笑，饮宴起居，嗜好欢乐，内心之隐，抑且推至其家庭乡里，社会国族，近至人事，远及自然，灿如燎如，无不毕陈，考史问俗，恣所渔猎。故中国文学虽曰尚通方、尚空灵，然实处处着实，处处有边际也。

承前所述，当下，我们在用西方的技术模仿世界各国好的作品的时候，似乎很少从我们自身文字、文学、文化的角度去思索我们未来的道路。古人古书，古道的是方式方法，而思想内容却有一大部分能为我们所传承。唐三千宋八百，数不尽的三国列传，文字文学之发展其实早已将我们当下探讨的诸多文化领域的核心问题包含其中，累述于末，不若追溯于前。瞻前而启后，知我罪我，全在读者。

迷津欲有问，此木岂无阴
——浅溯中国文化保护源流

《西铭》有曰："乾称父，坤称母，予兹藐焉，乃混然中处。故天地之塞吾其体，天地之帅吾其性。民吾同胞，物吾与也。"而浑然今世，吾国何以为道，以何为教，茫茫人海，知之者稀，却责之者众。

国无道，不变塞焉，国有道，至死不变。子曰："射有似乎君子，失诸正鹄，反求诸其身。"自五四以降，中国近百年间，发生了千古未有之社会巨变。而在很多人的眼中，中国两千年国祚被简单地归结成了"封建专制"四个字，所以也无怪乎如今我们在谈论文化保护、文化危机时候，心中并无真正的传统一以贯之，仅仅是没有底气的空谈呐喊而已。"伐柯伐柯，其则不远"。执柯以伐柯，睨而视之，犹以为远。中西方文化之间不存在竞争，而存在解释。西方文人学者凭借着自己国家百年间的强势话语权，通过自己对东方"隔着一层膜"的判断，科学系统地对东方进行了分类解释，并且形成学说。诸多这种学说被广泛确定，并被作为"科学"。由此各种细致、精确的研究被附着其上，如柏拉图所言的诡辩方法一样，一点一点地改变了其本身不客观的面貌，让其看上去十分有说服力。殊不知，这才是最可怕的伪科学。顺着西方人的思维来研究中国文化，或许从根本上即是一个伪命题。作为土生土长的中国人，我们却潜移默化地循着别人的逻辑，来重拾我们上下五千年的悠久文明，所得所感是否真的还原到了中国文化本真，又是否真正能认清我们自己传统的大智慧？

所以，要研究中国文化，首先就要尊重中国文化，在自己心中为其开辟出一个"敬"的场所。"关乎人文，以化成天下。"钱穆老先生的《国史大纲》开篇名义即指出，"当信任何一国之国民，尤其是自称知识在水平线以上之国民，对其本国以往历史，应该略有所知，否则最多只能算一有知识的人，不能算一有知识的国民。"若要把"敬"由外力强加于人，那是一种压迫，但"敬"本身该是由自身内部自修而得，只应是一种自己对自己的要求。谈"敬"是一种压迫的人，无疑是在讨论前，先给"敬"扣上了一顶反动的帽子。

"夫孝者，天下之大经也。夫孝，置之而塞于天地，衡之而衡于四海，施诸后世，而无朝夕。"故孝也者，达道之途也。中国古代有格言，谓之立德立功立言为三不朽之说，故传统——并非因循守旧，而是通过先人即定下来的生活习惯来领悟先人的智慧。简单地来说，传统就是传人以道统、学统、政统。要明白真正的传统，就要分别从这三面入手，来观察中国社会。在中国社会飞速发展的今天，我们或许该放慢跟随西方的脚步，回过头来仔细梳理，看看我们不同于西方的传统到底是什么。

一、道统

此一时，商人有财，书生有才。于是乎商人笑书生穷酸，谓其不懂得经营；书生嫌商人铜臭，谓其不懂得诗书。两者各执一词，孰能与判？

其实这本来即是一个诡问。白圭之术本应用秤杆来衡，孔孟之道唯有用书卷来度。若以经商之秤杆，来衡读书人之学问，则屠户能成状元；若用习文之竹卷，来量商贾之成功，则赵括亦为大将。

此本是两个独立评分体系下的两个评判对象。

子路问强，子曰："南方之强与？北方之强与？抑而强与？宽柔以教，不报无道，南方强也，君子居之。衽金革，死而不厌，北方之强也，而强者居

之。故君子和而不流,强哉矫!中立而不倚,强哉矫!国有道,不变塞焉,强哉矫!国无道,至死不变,强哉矫!"研究东西方文明首先必须明白此一点:两者并非在同一比赛场上进行比赛,不能简单地将两者的政治、经济、文化用同一尺度衡量。

正如这世上没有一种完美的学说体系,柏拉图、亚里士多德、康德等西方诸先贤的学说都不停地被后人学习、思索,而后提出赞同或是异论。赞同或异论的前提,都是基于对先人思想的重视与尊重。老子、孔子、庄子们的东方学说,及其所衍生出的精神结晶,按理也应受到如此礼遇。炎黄子孙们应怀着一颗敬畏的心,去试着揣摩、了解本土大师们的思想,以求用中国人自己的思维方式,去探寻很多生活中实际问题。倘若以柏拉图的"理式世界",相较于老子五千言之"道玄",虽于表面颇有类似,但溯本求源,终因体系的不同而无法完全论证对方的想法。这是在不同的思维太虚中,透射出的发源于地中海流域的古希腊文明圈和发源于黄河流域的中华文明圈之间,因地理土壤而酝酿出的不同文化之间的本质差异。诚商人之于书生,无人能妄说哪一种文明所赋予的标准是更好的。自古"文无第一,武无第二",而附远原别,我们却常误将西方文明之独"武",笼统为中西文化之共"文"。

天命之谓性,率性之谓道,修道之谓教。尝以"民主"二字为例。近百年来,西方式民主的思潮对中国影响深远,我们常说中国历朝历代只有人治,抑或是法制,但并无法治。西方政治体系中,法律凌驾于一切之上,为所有人提供了一个行事凭据:美国总统国会发言结束后,代表着法权的大法官无需起立鼓掌,因为他们代表着法律的最高公正地位。而中国的人治一向被人诟病,就是因为"人"并不如"法"一般,一如既往地公正稳定。子曰:"人皆知予知,驱而纳诸罟擭陷阱之中,而莫知辟也。人皆曰予知,择乎中庸,而不能期月守也。"大风起于青萍之末,人们却忽视了一个最简单的问题:一个不能长久稳定的制度,为何能持续千年之久?从诸子百家的经史子集中,我们看见了中国文化的光辉过去,莫非智慧的先人对此一问题竟一直视而不见?

"舜其大孝也与!德为圣人,尊为天子,富有四海之内。宗庙飨之,子孙保之。故大德必得其位,必得其禄,必得其名,必得其寿。故天之生物,必因其材而笃焉。故栽者培之，倾者覆之。"

所以，真正的历史告诉我们，在人治这个浅表的背后，一定有一个东西在支撑着它。

这就是道统。

上溯至夏商周三代，从如今出土的文物可以看出，那时尚处部族状态下的中国人，对"物"理的追求很旺盛，希望得到一种物质上的极限。而随着时代的发展，形而之上的"道"理在基本物质发展到一定程度之后，开始占据优势。写意事物的价值逐渐得到更多的重视。西方对精神界向往的最高发展有宗教，中国对精神界向往的最高发展有道统。故相较而言，西方以物影响心，故重科学；中国以心影响物，故重人文。所以西方从古罗马开始，文明似层峦叠嶂，只要物毁，则一切皆灭。而中国文明却似群山连绵，因心无法消逝，所以就算物毁，心又能再造之。道得众则得国，失众则失国，心诚、意正、身修、家齐、国治、天下平，这短短的十三个字就是中国人的再造之路。自天子以至于庶人，一是皆以修身为本。其本乱而末治者否已，其所薄者厚，而所厚者薄，亦未之有也。相对于西方社会的法治，中国的德治其实尤为高明。因为德治的内容就是人生的最高理想。"十目所视，十手所指，其严乎！"所谓诚其意者，毋自欺也，《诗》云："相在尔室，不愧于屋漏。"故君子不动而敬，不言而信。中国道统思想为公、诚、仁、中、行五者的一脉承袭，而最后必皆归结于行。

今天，当我们对人治进行批判，其实正反映着我们自身道统理解的缺失。评判一个事物，应以这个事物本身的原理、特性出发进行分析。从认识上来说，才能真正为事物构建出一个自由的环境，有一个合理认识，而人人实践来源，也才能有所增补，对事物进行合理评判。这样，认识与评判存在于同一标准下，自然两者也就统一了。就理性批判来说，单用普遍的西方原理去批判中国个体，其实已经进入黑格尔所说滑稽说范畴。这种批判只是单方面的、不全面的。真正的批判应优缺点都兼顾，再用自己对这件事真正的了解提出它们的正确发展方向，这才是全面的。假如缺乏自己对这件事真正的了解，仍旧是滑稽的。我们常说道德对于今人的约束力太小，其实不知"道不远人，道之为道而远人，不可以为道"。名者，人治之大者也，可无慎乎？但我们如今所谈论的道，往往只是一个不带任何感情色彩的名称，并不是中国真正的道统。礼仪三百，威仪三千，待其人然后行，故曰："苟不至德，至道不凝焉。"君子尊德性而道问学，致广大而尽精微，极高明而道中庸。中国人的哲思，向来中庸而内外均衡，敦厚以温故崇礼，从而形成了中国人自己的价值观。知所以修身，则知所以治人。知所以治人，则知所以治天下国家矣。这种中式哲思，适合身心内外同时增长。若只是在中国文化这片土壤上，加上如今教育体系带给人的外化西方哲思，无疑会造成知行上的倾斜。要在民族自身内部找到一条解决办法，仍旧只有在吾民族向内的道统中挖掘，从而恢复文化、制度、社会的平衡。

二、政统

可以看出，道统是一个国家的立国之本，在它的基础之上，政统才得以合理展开。中国人言君道而非君权，道统犹在政统之上。传统政治的最高追求是"无为而治"。这里的无为，并非无所作为，而是为无为，故无不治。"圣人处无为之事，行不言之教。万物作焉而不辞。生而不有，为而不恃，功成而弗居。夫唯弗居，是以不去。"中国古代君主帝王选择儒家的孔孟之道和道家的黄老学说作为依托，是历史和时间的筛选结果。无为而无不为，儒学、道学本来即是一种调节阴阳的方式，并不是一种一以贯之的处理原则，也不是教人不去努力上进：阳盛，则虚之；阴盛，则调之。人应该学会在拥有之后如何学会弃欲。"存天理，去人欲"，这就好似从南宋朱熹，到明朝王阳明，理学、心学虽然因为变化气质和万物一体的途径有所不同，但在共同追求的目标上是一致的。中国从秦一统天下到如今的两千年间，大小朝代数不胜数。但是无论朝代如何更替，城郭是毁是存，我们都会惊讶地发现，中国的政统都始终怀揣着同样的心性。当心发展到一定阶段，由于人身的需要，必然成为人身的化身，进入物中，让物同样发展起来。但理一途殊，这个心造出的政统也并非一成不变，此谓之道虽同而德则异。早在汉唐时期，政府即开始了由皇权向政府权力倾斜，并完成了真正意义上的由封建转向国家政府的转变。"斯礼也，达乎诸侯大夫，及士庶人。父为大夫，子为士，葬以大夫，祭以士。父为士，子为大夫，葬以士，祭以大夫。期之丧，达乎大夫。三年之丧，达乎天子。父母之丧，无贵贱，一也。"及至宋朝，政权虽一直在中央集权，但社会公平、透明化却在增加。学而优则仕，政治的开放度在增加，专权到宋前基本无有。及至明朝，政统的主要立场背景仍是全国人民、全社会。所以遇到政治衰落，只要换一批人，把制度腐败略略修改，就仍可继续下去。于是中国历史上便只有造反，而无革命了。

哀公问政，子曰："文武之政，布在方策。其人存，则其政举；其人亡，则其政息。人道敏政，地道敏树。夫政也者，蒲卢也。故为政在人。取人以身，修身以道，修道以仁。"所以，如果我们一味寄希望于一种制度是不行的。在"民主"浅层口号下，往往是政权从当政者手中，转移到在野者手中的过程而已，背后无非仍是权力的争夺。民主政治其实是一个理想的口号。若一个人无知识、无力量，理所当然地不能真正让人信服。当一个人有了知识，有了力量之后，其实他已经脱离了平民身份，自然而然地也会开始脱离于平庸的民众。随着他本人知识、力量的增加，必也使最初的民主格局消失。让人信服无非两种途径：力与礼。力让人臣服，礼让人诚服。若一个人缺乏知识、力量，则无法对事物做出正确的判断，其行事结果可想而知。所以，一切民主的背后，仍是力、礼之间的较量。善用民主者，多用礼，巧用力，让人情不自禁地臣服，心甘情愿地诚服。无论什么制度，我们都希望产生的是公平。君不见西方的民主犹能处死苏格拉底耶？所以最终能寄希望的，仍旧只是人本身的素质、教养而已。

承前所说，中国社会重德治大于法治，但并不代表中国没有法治。中国历来有法家，怎会无法治？子曰："听讼，吾犹人也，必也使无讼乎！"如果仔细研究，我们就会发现，中国历代政治都是在法治的基础上，实行的德治。而中国政治也是在自己的轨迹上完成的民主。西方的法治是一种由外向内的约束力。这种约束力对社会的方方面面都有很详细的行事准则。明太祖时期，曾经为将来的子子孙孙做出过详细的法律制度。当时的刑罚限于笞、杖、徒、流、死五种，并且为了能在百姓中普及法律，曾制《大诰》一本，书中尽是各种法律判决案例——其中尤以为甚，官员若贪污30两白银以上，即处以扒皮极刑，这在当时可谓是大快民心。但是实际上，明朝却是一个中国历史上罕见的，在朝代初期即贪腐严重的时期。"太祖成法，万年不变。"未过三代，朱元璋所制定出的法律却连继任的皇帝都不执行。究其原因，乃法律的变化始终是一个跟随的状态，治理的作用远甚于防患。"绝圣弃智，民利百倍。绝仁弃义，民复孝慈。绝巧弃利，盗贼无有。此三者，以为文不足，故令有所属。见素抱朴少私寡欲，绝学无忧。"故法令越是滋彰，盗贼却越是多有。反观德治，道德的作用并不在于外力，而在于内力。并且因其为内力，故这种力必定是自发自为，贯穿人之所以为人之力。"不尚贤，使民不争。不贵难得之货，使民不为盗。不见可欲，使民心不乱。是以圣人之治，虚其心，实其腹，弱其志，强其骨。常使民无知无欲，使夫智者不敢为也。为无为，则无不治。"尽其在我，远易于求人，并且在我不归于法，而归于礼。做好了自己，则理至。礼不在防御人，而在诱导人。一人若意识到自己做了有愧于良知之事，纵使无他人指责，自己也必然内疚不已。故曰："庸德之行，庸言之谨，有所不足，不敢不勉，有余不敢尽。言顾行，行顾言，君子胡不慥慥尔。"这种虔诚的内心，不是一种阻力，而是一种助力，在帮助人遵纪守法的同时，也在不停地净化人的心灵，让人得到真正的充盈。《康诰》曰："唯命不于常。"道善则得之，不善则失之矣。这才正是为何中国选择了德治的根本原因。

三、学统

中国传统文化教育倚重的不仅仅是一纸文凭：以言教育，认清修道为敬业之本，技艺次之；以言科学，认清正德、利用、厚生之道，重格致之学。从汉代的举廉制度，到魏晋南北朝的九品中正制，到唐代的科举制度，乃至孙中山先生五权宪法中的考试权。中国的学统在不停地由封建贵族、门第特殊阶级中开放政权，并通过自己将道统和政统紧紧地捆绑在了一起。中国历来是一个农业社会，道统、政统、学统三者虽混而为一，但却始终相辅相成，相互牵制。国家在这种重文轻商的环境里，有自己的一套治愈模式，所以能维系千年。政统上高度集权，道统上依靠道德，学统上依赖文牍。三者形成了一个很稳定的三角结构。中庸有云："中也者，天下之大本也，和也者，天下之达道也。致中和，天地位焉，万物育焉。"西方人的学术在打破万物平衡的过程中，不停地扩大哲学范围外的未知、无限部分，而中国人的学统在生命扩大、缩小的正反途中，不停地扩充哲学范围内的已知、有限部分。故西方人的思想往往一人即成一言，一言即成一家，重创新于理之不同，易形成学派。每一学派的贡献都在摆脱人类常识界的已知，进入另一不可知的无限世界。于中国人来讲，一人一思，可幻化于千万人之思，亦可融于一人之想，易沉淀学统。千万人之思无穷，一人之思有涯。人正因为自己的有涯，才会感到别人的无涯。"经子通，读诸史，考世系，知终始。"其实仔细梳理，我们会发现中国学统一直存在自己精细的一套学习系统，教人精于史而不沉于史，精于方法而不仅知方法，当知人类本身所知永远有限，而就人本身有限之中求知。

任何一个社会的变化可以分为三类：社会政体、人文科学、经济制度。这三种无论哪一种变化，都会导致其余两者的变化。中国人一贯重农轻商，两千年历史表面似乎没有什么大的变化，是因为今人看待这个变化的指标是以经济制度为主。而大的变化如战国至秦，是以社会整体为主，以国家统一为标志；秦至汉，是以人文科学为主，以儒学兴起为标志。中国两千年的"变"组成了一个动态的"面"，但经济制度上以农业为主，却犹如一个"基点"，历朝历代均如此，所谓不变。

说到这里，似乎可以见出学统于当今经济领域产生了空白。其实并非如此。《诗》云："于戏前王不忘！"君子贤其贤而亲其亲，小人乐其乐而利其利，此以没世不忘。对古人来说，纵是再好的经济政策也会有正反两面存在。正的方面是在改善一个国家国民的生活状态，恶的方面是在引导人争名夺利。一个人取得的成绩可能转瞬间即成为自己继续前进的障碍。而这个成绩越大，自己就越显渺小，障碍也就越大。若将经济视为命脉，则人人必向此目标趋之若鹜，必起斗争，成祸乱，而社会也将只有机遇与运气，而没有正义与大道。孟子曰："食色性也。"此儒家谈性，不偏向内，也不偏向心。饮食男女，人皆有之，中国人不反对追求富，但若将人生的支点放在为富之上，则终会造成一种不可挽回的悲伤。

纪晓岚评《文心雕龙·原道篇》曾说："文以载道，明其当然；文原于道，明其本然。识其本，乃不逐其末；直揭文体之尊，所以截断众流。"今人不停地在向外要物质形式的自由，但当有一天物质形式自由真正降临的时候，我们是否会因对自己认知的不足，产生一种真正内在的不自由？子曰："天下国家可均也，爵禄可辞也，白刃可蹈也，中庸不可能也。"中国人经历了千年的洗涤，终于始悟众寡疾舒足的生财大道与有所不为的消极自由。"五色令人目盲，五音令人耳聋，五味令人口爽，驰骋畋猎令人心发狂，难得之货令人行妨。"相较来说，中国文化缺乏西方的那种极为强烈的彼岸关怀，即物质崇拜和经济意识，与之相对应的，却具有强烈的此岸关怀，即圣贤崇拜和人文意识。仁者以财发身，不仁者以身发财，由我心进入他人心，他人心的外化物，则必然是我心之想。此谓如臂指使，一人心化千万人之心的大便利之道。这条途径，是中国人经历了历朝历代经济繁荣之后的所思之路。

同时，政统对学统亦有举足轻重的影响。西方的政治由权力和经济构成，而中国的政治由权力和学统构成。学而优则仕，中国书生的理想是和社会需求相结合的。西方的政治体制讲求选举，选举的背后更注重经济。中国的传统政治体制虽讲流品，但流品的背后仍是学统。子曰："中庸之为德也，其至矣乎，民鲜久矣。"中国文化向内，寄托于人。西方文化向外，寄托于制度。"圣人后其身而身先，外其身而身存，非以其无私邪，故能成其私。"故若要达成政统的稳固，中国文化靠的是人文，西方文化靠的是经济。所以中国"人"文化特别发达，而西方科技、经济、宗教特别发达。中国的道统、学统不患寡而患不均；西方的文化与经济构成了文化产业，文化不成产业即无市场。如今中国置身于国际社会之中，长期受到来自以商业立国的西方国家的影响。这样，大的生存环境发生了转变。学统的方式并没有出现问题，但却和立道的原则产生了冲突。这种冲突并非不可调和，而是早已被中国文人弃之如敝屣。"抛却自己无尽藏，沿门托钵效贫儿。"所以附远则别，又怎能不让传统知识分子扼腕长叹？

四、传统

彼一时，先哲有云：欲动天下，当动天下之心；欲动天下之心，当有大本大源；大本大源者，乃中国文化也。礼义廉耻，国之四维，四维不张，国乃灭亡。其说法在今世虽有夸张，但不知自己的母体传统从何而来，又怎知自己将去何处？"立象以尽意，设卦以尽情伪，系辞焉以尽其言。"研究传统之明细是追求中国传统哲思的第一步，其仍不过具形而矣。五四时期，当局者迷，为了能速救祖国于危难之中，中国人无法避免地打破了中国一切之传统。但时至今日，我们却发现，中华民族国家之前途，仍只能于我先民文化所赋自身内部获得其生机。

钱穆先生曾讲："现在的国人，对政治上的一切制度，好像拿一种试验的态度来应付，而对此制度并没有进入共尊共信之境，空凭一个理论来且试一下。"

如今，我们对待大、小传统的态度均是如此。君子之道费而隐，明道曾曰："敬胜百邪。学者不必远求，近取诸身，只明人理，敬而已矣，便是约处。"如上分析，中国道、政、学三统虽相辅相成，混而为一，却仍有各自约处。我们现在对自己的传统鲜有基本的共尊共信之心：混淆了道统和学统，所以以技术为安身立命之本；混淆了政统和学统，所以嘲笑自己千百年的政体；混淆了政统和道统，所以失去了做人的道德底线。智、仁、勇，三者天下之达德也，所以行之者一也。宗教的世界是唯神的，科学的世界是唯物的，只有唯人的道统世界，才能真正安放下中国人的心。朱子教人读书，先读《大学》，次及《论语》《孟子》，最后始读《中庸》。于是几百年来，中国人必有几本共同的读物。虚谈文化保护，而不明传统为何，无一行之途径，最终只能居易以俟幸，行险以倚命。

人有两原，一曰生原，一曰病原。病原者，最近之状况；生原者，长期之状况。生原即人身体之本质，病原乃人身体起伏状况。追究一个人生病的原因，应从病原入手，而非生原。谈五四以降，其实我们仍和胡适之先生在一个时代。正如黑格尔追求经验与理论的统一，以形成真正的美学一样，倘使不先通晓中国传统文化，骤求形式保护，如无钱而握空串，亦复失其为串之意。

文人与道

（一）

当下，我们无论是谈中国文化发展的规律，还是中国文化本身的特点，都是用一种西方二元观的辩证方式在看待。这种方式自希腊开始，肉体与灵魂相对立，理性与感性相对应，故理论可以离人独立。而中国文化一元观始终讲究心物合一，天地合一，从洒扫应对到四书五经，都是一个做人的道理。伊川先生曰："若只守一个敬，不知集义，却是都无事也。且如欲为孝，不成只守一个孝字，须是知所以为孝之道。"故研究文化在中国的发展，不若更深层次地探讨文化人在当下所应具有的修养功夫。

儒者，人需也，士者，十一也。西方社会引领国家进步者乃知识分子，中国传统社会引领国家向前者乃士阶层。伊川云：

> 人之一身，尽有所不肯为，及至他事又不然。若士者，虽杀之使为穿窬，必不为，其他事未必然。至如执卷者，莫不知说礼义。又如王公大人，皆能言轩冕外物，及其临利害，则不知就义理，却就富贵。如此者，只是说得，不实见。

人的社会地位虽有高下，但人的职业地位却无贵贱。西方社会的发展依靠经济、科技（学术）、宗教，中国社会的发展依靠三统，即道统、学统与政统。论地位，道统与政统相当；论手段，科技与学统相同；论作用，政统与教统相似。对应的，道统的社会作用在中国最强，西方则为财统；士人在中国社会地位最高，西方则为党人。西方以物质为准，好言变，而其学术科学领域之创新常为营财政产者所直接利用，抑或是直接为营财致富而产生，所以科技越发达，物质变化越快，也永远产生不了学统。西方社会有阶级，无流品；中国社会有流品，无阶级。中国两千四百年，士之一阶者，进于上，则于济政治，退于下，则主持教育，鼓舞风气。在上为士大夫，在下为士君子，于人伦修养中产出学术，再由学术领导政治。士一层在资本上不事生产，却可以无产阶级身份高居社会之上，西方知识分子虽有类似作用，但终因其无天下理想，而不能成为一阶层，只能分为一品类，也谈不上一个阶级。

士一层在上，政府在中，社会在下，以士为范围划分上下仍是共产社会之先例。封建，其意为封邦建国，中国自秦以后皆为统一中国，何来"封建"一说？历史越往后发展，科举、孝廉等制度越是让政府远离王室而近人民。中国社会自秦代以来，由政府向上向下地组织社会，而后中途仕途逐渐开放，士一阶层进以由社会进入政府，再反施于社会，完成了一通畅的治国之路，此谓中国的民主。而西方社会由社会组织政府，社会利益最大化是其目标，其国家利益是多数个人利益、社会利益的集合，并没有一个超然其上的政治理想。故社会愈进，国家愈退，国不以义为利，以利为利，所以西方在社会层面上言知识分子，中国在国家层面上有士阶层。中国以国领导社会，立国规模有多大，社会就相应有多大，而西方则相反，社会规模有多大，则国家规模有多大。西方以社会不同区别国家不同，中国以国家不同区别社会不同。中国以国家为顶端，西方以社会为顶端。互观中西双方历史，而论其政府与社会之比重，可谓中国政府以社会为基础，西方政府反以社会为凭借。西方社会有公德善恶，却以人之私心领导社会向前；中国社会有私德门户，却以人之公心领导国家向前。这就是由下及上和由上及下社会的一大不同。西方人以物质为衡量标准，物质的多少产生质变，贫穷与富有显在两个世界。中国人以心性为衡量标准，自天子以至于庶人，一是皆以修身之本，只要是悟通，渔夫与尧舜相同，满街亦都可是圣人，悟通层次不同，职责不同而已，故只有量变而无质变。故西方社会的顶端走向了财富，中国社会的顶端走向了明道。

（二）

中国一"人"字观念，显与西方有别。如称中国人、日本人、英国人、美国人，即见为同有一"人"字，而西方语言不如是说。Chinese、American、French、Japanese均没有词根性的联系。中国传统文化中的儒家思想内在一面有永不可变化的外貌，如修、齐、治、平皆然，一面却有因外面时代需变的内在思想，如孔孟朱王。所以，就算时代不同，从事的工作不同，只要把握住了中国文化不变的一面，都能成为一士。说到士，我们很容易联想到士大夫，但其实这是两个大小不同的概念。士大夫只是于士之上多了大夫一职，并不能概括士的全部，反而缩小了士定义的范围。乡士、国士、天下士，都并非单一朝代下的时代人物，而是贯穿于中国两千多年历史中的历史人物。也即是中国不同于其他国家的一个独特社会群体——士阶层。

在很多人眼里，"士"是一个很古老的词语，在当下社会中早已不存在，其实士阶层并非一种实际权力的掌控阶层，而是一种精神领域的象征。一提到士阶层，很多人都会将其与封建统治，迂腐落后，玄学空谈联系到一起。北宋初，赵普有言，彼曾以半部论语佐宋祖得天下，又将以半部论语佐宋祖治天下。为天地立心，为万民立命，为往圣继绝学，为万世开太平。这才是中国传统士大夫所追求的远大理想。闻见之知，非德性之知。物交物，则知之，非内也。今之所谓博物多能者是也。德性之知，不假见闻。士一阶层的为学目的并非只为一人一己的学术造诣或文艺创造。从秦汉、隋唐、宋元明清，中国学术主流经历了百家争鸣到独尊儒家，再到两汉经学，魏晋玄学等学术思想的演变，最终汇于宋代，开创了我们现代所称的宋明理学，并及阳明心学。汉儒以质为道，遂使老庄之说与孔颜并行。以善行恶，自是义理中偏侧之累。故孟子谓："以善养人，然后能服天下。"东汉儒者，欲以不平之意，加于敝法之上，以胜天下之不肖，宜其累发而累挫。体为心，相为行，用为效，汉儒讲行，宋儒讲心。本于性为学为博文，本于学以尽性为约礼。性善为天生，博学为后天，二者贯通为天人合一。宋明儒的讲学，与两汉儒家的传经，可说全属两事。传经是偏于学术意味的，讲学则颇带有宗教精神。百无一用是书生所指乃是传经，真正的士大夫是通过讲学来证道。士非文人。文人仅言诗词歌赋，士大夫言天下人生。涵养须用敬，进学则在致知。伊川先生云："冲漠无朕，万象森然已具，未应不是先，已应不是后。如百尺之木，自根本至枝叶，皆是一贯，不可道上面一段事，无形无兆却待人旋安排，引入来教入途辙。既是途辙，却只是一个途辙。"程颐这一段陈义甚精。他的意思，教人在此冲漠无朕上涵养，但不要安排。安排上的是"闻见之知"，涵养出来的是"德性之知"。人若能在喜怒哀乐未发时，好好地存养，便自能发而皆中节。他又说："君子庄敬日强，安肆日偷。需人之情，才放肆则日就旷荡，才栓束则日就规矩。"此种天下人生与西方做研究不同，乃是一种体悟，不是科学，亦不是哲学，而更近于宗教。

（三）

任何一个社会变化可以分为三类：社会政体、人文科学、经济制度。这三者无论哪一者变化都会导致其余两者的变化。中国二千年历史表面貌似没有什么大的变化，并非在于人文科学或社会政体未变，只是在于人们看待这个变化的指标主要是以经济制度为主。大的变化如战国至秦，以社会政体变化为主，以国家统一为标志。如秦至汉，以人文科学变化为主，以儒家兴起为标志。士一阶层不变的只是在于立国精神，而其时代面貌却时在变。其实，中国两千年的士阶层的"变"组成了一个个动态的文学艺术"面"，中间的形象跨度似乎很难把他们统一到一个群体。如徐棻先生在其著述《徐棻戏剧集》序言中所述，中国艺术最近正进行第五次转型，其原型类似于西方科学日新月异之言变，其指导思想偏于西方。唯科学主外物，艺术主人心，所以现在的艺术很难形成以往之传统，成流派，这才在精神上失却了士一阶层，而难以将上述人物视为一个整体。

近人对时代每称潮流。中国文化延绵，乃有"传统"，而西方所谓"时代人物"，都从潮流中产生。中国之谓学术人物，则从传统中产生。故在西方，乃见各时代之学术，时而兴，时而亡。在中国则学术自成传统，实非由时代所产生。人人之间称仁，独自一人称道，此两者一以贯之。从先秦孔孟老庄到清末亭林、船山、梨洲，中国文化在"士人"的这条发展路线上有很明确的线索。西汉淳朴，东汉清高，唐人阔达，而宋人则成其为严肃。为仁由己，仁即是共，己即是个，社会与个人不能分离对垒。故人能弘道，非道弘人。但一本而途殊，中国文化随着时代潮流变化的根本，是随社会形态、风气的迁移的调整。凡做学问，则必然当能通到身世，尤贵能再从身世而通到学问。古人谓之"身世"，今人谓之"时代"。凡成一家言者，其学问无不备具时代性，无不能将其身世融入学问中。我们要想开启接下来中国文化的新风向，就不得不从中国文化的源流说起。作为一个文化人，首先应在文化层中找到属于自己的一个地位。人云学问需先立大体，但反过来说，文化并非只讲方法，而是借方法微言大义，不仅停留于一方法论，而是一人生论。复兴中国文化的前提，即是复兴中国传统之所谓士。中国传统之士之先后进退自孙中山先生"三民主义"言之，首为民族主义。从人的这一层线索，我们已经隐约感觉到了决定中国文化与西方的不同不在于某一具体技术的样式，而是在于一方地域养育的一方风土人情。我们应该清楚地看到，为了在这个仗富强以图存之的时代生存下去，我们必须大步接受西方科技文明所带来的文化。这并不是要消灭我们自己的文化，而正是为将来我们传统文化的复兴打下基础，文化的输入往往是在一个人心涣散、社会不安的时期为稳定国家提供精神秩序，而科技的良性发展却需要一个政治上轨、社会有序、人心安宁的环境。学者今日无可添，只有可减，减尽便没事。所以，在引进西方文明之时，我们更应重建我们的传统秩序，深研中华文明。

中西方舞台艺术异同

（一）

不同国家的舞台就如同生活的一面镜子，生活里我们喜欢什么，舞台上我们就想看到什么。最好的舞台艺术是雅俗共赏的。无庸去讨论舞台表演是贴近生活的好，还是脱离了生活的好。大如奥运会开幕式也好，小如街边艺人的路头戏也好，我们始终要看到舞台"镜子"这一属性。这种属性的审美取向不是由某一个或几个人确定的，而是被整个社会的模样确定的，对它们的评价其实是在评价它们映射的真实世界。文运之升降，政治之盛衰，人情风移之变迁推移，不同时代自不可同日而语。生天生地，生鬼生祖，极人物之万连，攒古今之千变。景随人移，人走景动，任何一个国家的发展都会因时而变，只有舞台脚下的土壤不会改变。同饮一江黄河水而发源出的舞台艺术，终究能在骨子里找到潜藏的"根"。任何国家舞台艺术纵使再玄奇夺目，花样百出，也仍旧脱离不了本土文化影子。

唐诗、宋词、元曲皆为一时代之大众俗学，也是中国文化的主干。从秦汉到隋唐，中国完成了从政治构架到文艺构架的整合。大抵北曲始于金而盛于元，南曲始于元而盛于明。我们可以说，《诗经》是中国一部伦理的歌咏集，《诗经》中之"颂"即是中国戏曲之鼻祖。中国戏曲（剧）的审美源自对曲律的审美。王骥德《曲律杂论》曰：“剧戏之道，出之贵实，而用之贵虚。”中国传统讲究虚、写意，故戏曲讲究也是写意。戏曲戏曲，无论将其解释为百戏和曲律或百戏的曲律，重点一直和曲有关。西方话剧来源则不同于中国戏曲。如柏拉图为早期古希腊戏剧所制定的“三一律”，对故事情节、时间、人物的完整设置更为重视，故两者审美角度不同。

（二）

通常，我们惯认的中国古典舞台艺术大多属于五袍四柱、江湖十八本。创作者本身文化水平有限，而我们又习惯地将这种艺人的剧本和西方文人的剧本作对比，来探讨两者之间的文学性。艺人剧本胜在艺人本身现场的创造性，而文人剧本胜在文学性。人们常将动作的虚拟性与唱词感情的真实性相混淆。中国文学在舞台上表现出高度虚拟化，西方文学在舞台上表现出力求写实化，这是与中国和西方世界的文明相对应的：中国传统儒释道家思想追求的是精神上的意境，而西方则追求物质上的高度务实。我们对戏曲的评述常言“风致”。风致之“致”指的是一种跳出了戏曲表演内容本身的神韵，这和戏剧故事中的人物性格是相对立的。所以，西方舞台的“言外之意”往往是从故事情节之中留下空白，让观众自行补充；中国舞台的言外之意却只是“言内之意”意韵的补充。一招一式，中国舞台艺术都是用一些简洁的姿态去描绘一些本该更为复杂的故事，给观众留下一个极大的想象空间。西方追求以片段、细节展示剧情，中国却用抽象的动作、语言，在简短的时间内去叙述一个完整的意象。几个简单的做念唱打在观众心中被自由地放大或缩小，这是一种局部分析与整体综合之间的差异。戏曲音乐在声部上追求的是高度统一的和谐性，而交响乐则追求对比性，这就是为什么礼乐没有西方流行音乐那么激动人心的原因。

（三）

　　王国维说过："美术之务，在描写人生之痛苦与其解脱之道，而使吾侪冯生之徒，于此桎梏之世界中，离此生活之欲之争斗，而得其暂时之平和，此一切美术之目的也。"黑格尔也同样说过："自然作为具体的概念和理念的感性表现时，就可以称为美的"，"在实在里就只有概念本身而不让其他与概念无关的东西渗入时，无限与自由才能呈现出来。"两者均认为，心灵需要通过观照满足认识自然美，再用天赋提取其中灵感进行创作（图1）。自然美缺乏自为、自发向外在展示自己内涵的能力，所以客观存在的现实自然无法满足理想时，才会转到艺术。所以，虽然王国维与黑格尔都认同自然美产生艺术的方式。但是，黑格尔认为艺术是没有明显意图的。他认为当感性形式的艺术客体，通过心灵寄托的宗教，而进入理性的主体自由思考的哲学理念时，美的思考才能显现（图2）。但中国人向来认为以德为本，以诗辅情，炼之以人情事故，方能为戏。中国人对于人生体味，一向是爱好在空灵幽微方面用心。中国人不爱在人生的现实具体方面过分刻画，过分追求。因此，中国文学大统，一向以小品的抒情诗为主，史诗就不发达。散文地位始不如诗，小说地位又不如散文，戏曲的地位又不如小说。愈落在具体上，愈陷入现实境界，便愈离了中国人的文学标准，因此中国人的舞台艺术，到底要抽象化，让其与具体的现实隔离。其实西方也有类似理论。在数学领域中，经典集合论提出数学发展到后期也从量的分析进入了对质的把握。但对质的把握仍旧没有达到对意境把握的境界。中国舞台艺术模糊化处理时间、空间正是一种对事物本质最大程度的揣摩，故有"物感说"于世。去掉物感说中高度归纳化的程式，不仅仅是否认了一种表演形式，而是从内否认了中国舞台的美学思想。

　　中国艺术研究院戏曲研究所刘祯先生所著《目连戏与中国民间戏剧特征论》中曾将中国舞台表述为："这是一种文化，而不是艺术，是一种精神而不是精致，中国文化中，向来是将戏曲看成是与政治、文化密不可分的东西，托戏言志，借戏抒情是很多文人墨客的终极目标。"这与中国传媒大学路应昆先生在《东方戏剧论文集》中所说的莎翁之梦与中国文人之梦有异曲同工之妙。

"因情成梦，因梦成戏"，"梦为了情，情为了佛"。梦中的鬼神怪皆为现实中欲表现却不能言明的。一句"不能忘情"正道出了中西舞台的最大不同。

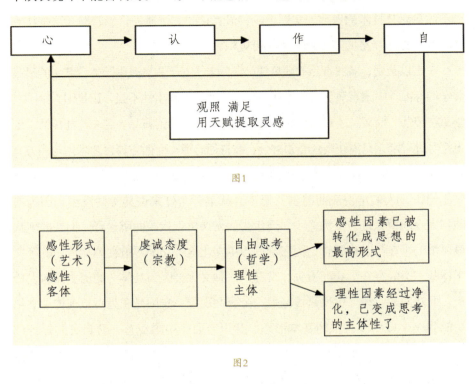

图1

图2

（四）

中国舞台艺术特别伟大处，并不在推翻了旧的，再来一套新的。以前的新的，不仅不需推翻，而且也不能推翻。近代国人常将某些传统看作是一些束缚。但仔细想想，在我们认为这是一种束缚的时候，我们对这些束缚有多少了解呢？为什么古人并未认为这是一种束缚，反而对这种束缚如五言、七言绝句等趋之若鹜呢？这其实还是一个延续传统的问题。在大家高喊反对八股的时候，有几人做得八股呢？自由诗写得再好为什么我们仍旧认为唐诗、宋词是不可超越的文化高峰？其实这些束缚都是先人智慧的提炼，在讲究意境的中国，意的表达是只可意会的、高度精练的。正如文言文和白话文一样，这两种文体背后扩散着中西两种思想，在一个从言传身教为文化传承载体的国家，这种贬义的束缚只是传承的另一个意思。对任何一种艺术，技术层面的进步是最显而易见的，像对传统戏曲这样一种靠唱、念、做、打，程式化技术为依托的艺术若不注重对其技术的保存，实则是一种最直接的文化遗失，倘若抛开这些技术谈革新，更是直接抛开了几千年的历史积累。

一言以蔽之，戏曲音乐的简单纯朴诚如老子五千言，是中国舞台艺术的最高美学的标准。中国表演艺术（包括诗歌、戏曲等）叙事性不强，正是因为中国文学重在传情、情义。故事本身的过程都是知识情义的附属品。若一字能传情，绝无需写过二字，只消让观众心领神会，被打通感情；而西方舞台艺术则与西方文学一脉相承，强于叙事，要展示矛盾、升华，情义是这个故事的附属。

当下，人们常说戏曲节奏"慢"，从某种角度来说其实并没错。因为戏曲与大众隔得太远，交流太少，现代生活无法由现代戏曲所诠释。但戏曲现状最可怕的不在与时代脱轨，而在于其传承文化这一功能不被视为如诗、歌等文学体裁一类的存在形式而遗失。常理，一种文化会因为其悠久的历史而愈发珍贵，而戏曲的"慢"仅仅是被轻视一个表面现象，实则是在为不重视传承文化功能找一个理由。艺术的基本形态、意识方面，中国应有一套自己的标杆体系。萨义德《东方学》曾说，真正的东方至多激发了作者的想象，但很少能控制其想象。中国文化只是一个演出场地，而西方的思想才是主要演员。中国戏曲的精华无非是忠、孝、礼、信四字所延伸出去的感情；而西方戏剧的精华在于叙事。两者文化土壤天然不同，即使西方话剧的主题换了感情，也非忠、孝、礼、义。正如悲剧和喜剧一样，中西方文明在本质上，都是一种文化，其外化形式都混杂着"快感"和"痛苦"。不同之处在于中国文化缺乏了一种现代形式美的性质。抛开人欲，只存天理，在同样没有这种形式的美时，我们并不觉得缺乏了什么，也不会感觉到中国文化在当今的弱势，但这种形式美的出现却使现代人的感官得到了满足，引起了不和痛苦夹杂在一起的单纯快感，迎合了大众狂欢而不控制的心态。今若单就两种文化本身而言，大众一定会从两者中发现与快感并存的痛苦。但在形式美加入后，西方文明大有快感大于痛苦的趋势。其实，中国舞台艺术包括了布氏与斯氏的离间与共鸣，单纯穿上这层形式美的外衣，中国戏曲同样可以适应当下。可大多数中国人——特别是年轻人眼中，戏曲的优点总是少于话剧的，戏曲总是不如话剧好看的，这就是代言。一则中国的国家教育与西方的教育其实并不能完全就意识方面融合。再者，中国舞台的写实改良往往仍属于补漏性质，只是改掉过去一些因为人力财力而无法达到的物质条件，有时反而因为东施效颦而过犹不及。现在的演员往往对自己的演技、功夫没有信心，因观众的眼球被各种舞台视觉、音响效果所吸引而放弃了在演技上吸引观众。这样造成了恶性循环。由于现代文化的快餐性，观众在数次不能看见好的中国舞台艺术，特别是各种劣质的旅游表演泛滥的情况下，便会对中国传统舞台艺术美产生一种负面印象。并且，随着演员们基础薄弱、青黄不接，当各地戏曲从民间被全盘搬上剧场舞台，观众眼中的"一千个哈姆雷特"一瞬间被定型为了一个哈姆雷特。中国舞台艺术的设计长于通过无数演员对同一故事的不同理解去注释一个相同的形象；西方戏剧设计则长于通过一个编剧对一个剧本中台词的设定让观众产生不同的感觉。此消彼长，中国舞台艺术的没落自然可知。

　　任何一个国家的舞台艺术仅文化之一端，而人文社会之事理，必通观之于人文社会之整体，乃始有以见其所以然。舞台艺术为一时代大多数人之所共睹，若切于身世之用。但要真求有用于今后的中国文化，则其学必然会超越于舞台之外与之上。此学通于中国历史之中，传统谓之"道"。欲谈人文社会之整体，不能昧于古昔，专据现代。故研究舞台艺术，必上通之于人文，而舞台艺术则仍必向于人事而止，必待人文发源之穷本探源而乃始有所谓舞台艺术家。曾经有学者将文化分为了大传统文化和小传统文化。大，即指各国经典哲学；小，指民间日常文化。两者相辅相成，大传统引导文化的长远方向，小传统维系普通百姓的生活需求也在为大传统的不断修正起到辅助作用。明道曾云："学者识得仁体，实有诸已，只要义理栽培，如求经义，皆是栽培之义。"六经古训，孔孟嘉言，在他看，只如泥土肥料般，重要是我此心。肥料只栽培，生长是我心，所以说悟则句句皆是这个，道理已明后，无不是此事。明道的这段话虽单指中国文化，但对任何一国都是适用的。两国文化置于诗词歌赋，琴棋书画的美学之上，总有一人文精神作笼统，故研究艺术仅于深层原理研究还不够，还需更升华于人文，志于人文，而不沉于人文。

中西文化之地缘歧异

（一）

人类文化由于地缘根本不同，大致可简单分三种。一种从东地中海流域发源的商业文化，一种发源在高寒的草原地带的游牧文化，一种从四大文明古国即起的农业文化。农耕文化因可自给自足，所以于外无求，但向内却需不懈努力，其文化与耕地相连，因故其不求对外过多的空间扩展，而求时间延绵，天长地久。此文化内感应为"天人相应""物我一体"，曰"善"、曰"和"，因此也决定了其文化为安定、保守的。知识等于文明而非文化，物质在外，而精神在内，农业文化并不是一种落后文化，而是一种文化精神本质的代言词。游牧与商业文化因所处地缘，其内需不足则向外寻求，因此决定了其文化为向外的、流动的，故两者可归为一类。其所生长地不仅不足其供，反而常成为其生存之阻碍，于是逐有强烈的对抗感，曰"物我对立""天人对立"，其为战靠自身力量十分单薄，于是又有深刻的"工具感"。此一点反作用于从古至今的艺术创作，早已见端倪。中国人的创作，务求淡雅，而西方人的创作，更喜欢起伏。中国文化几千年走不上资本道路，远不是形成问题，而是由地缘问题影响到了精神本质。

商业文化的兴起，常因各地间天然资源之不同而起。因此，商业文化注重点与线之间的关系。近代西方的商业文化便直从这里一线传下，始于埃及与克里特，继之腓尼西、雅典、科林斯，西移至迦太基和罗马，此为古代西方文化活动的一条线路。继而，罗马帝国崩溃，中古时期的欧洲逐渐酝酿出自己的农业文化，古代一脉相传而下的商业文化，则移至东方阿拉伯国家，至十三四世纪，意大利诸城市兴起，因商业文化复兴而有文艺复兴。至此，由意大利西渐而入葡萄牙、西班牙，北至荷兰、法国、英国，此乃商业文化的大体传绪。

中国的处境显然不属商业文化，而在农业文化中尤显特别。古代四大文明古国，古巴比伦、埃及、印度、中国，皆是农业国家。四者传至今日，只有中国尚保农业文化发展不衰。这里面亦有地理的因素。

古巴比伦、埃及农业面积并不甚广，他们的农业文化发展易到极限。一至极限，继续生长必要另辟新境。故古代埃及与巴比伦的经济，都有从农业转至商业的趋势。又因其农业疆域根本不大，故其国力有限，容易为外部游牧、商业民族所侵略征服。印度则因恒河流域地处热带，气候炎热，生物丰衍，使其国人耽于逸乐，沉迷冥想。只有中国地处温带、寒带，黄河流域之大平原使中国文化的发源是星罗密布式的，故其开局很大。此为与其他三个文明古国印度、巴比伦、埃及根本不同之处。埃及的尼罗河，巴比伦的底格里斯与幼发拉底河，印度的印度河与恒河，皆不似中国水系这般繁多。小型农耕文化国家自身向内发展易达饱和点，其外又不易抵御外敌，故古埃及、巴比伦等文明王国皆早早灭亡，只有中国独存。若我们为支撑中国整体发展的水系分级，一级为黄河、长江，二级为汉水、淮水、济水、辽河，三级为渭水、洛水、汾水，以下仍有小支可分。在南北分界的大阵型下，其河流间相互间隔形成了许多"汭"阵小型农耕文化。当一区域中的小型农耕文化发展到饱和之后，又借小水系进入大水系，所以中国文化一开始便由小的阵势走向一个大局面，形成一大阵势，此为与其余诸国单靠一条水系的独生子式文明有明显不同之处。同时，其余三大文明古国都发源于北纬三十度近热带，只有中国发源于温带北纬三十五度附近，因此中国人从一开始便需自力更生，绝不单纯依靠自然给予，而是通过自己的勤劳创造自己文化。

这也天然地为中国的农业文化赋予了一种内在精神。在大环境下展开，又能迅速完成国家内部之团结与统一，因此中国文化对于外来异族之抵抗力量特别强大，得以不受摧残，而保持与其文化进展之前程，逐渐发展。直到现在，只有中华民族在世界史上，仍见其有虽若陷于老朽，而仍有其内在尚新之气概，此又为诸民族所不逮。

（二）

任何一个社会变化可以分为三类，社会政体、人文科学、经济制度，这三种无论哪一种变化都会导致其余两者的变化。中国两千年历史表面似没有什么大的变化，是在于当下人们看待这个变化的指标主要是以经济制度为主。其实，大的变化如战国至秦，是以社会政体为主，以国家统一为标志；秦至汉是以人文科学为主，以儒家之起为标志。中国二千年的"变"组成了一个动态的"面"，但经济制度上以农业为主，犹如一个个"基点"，历朝历代均如此，所谓不变。

我们暂且不论东西文化因地缘而起的分别，就一般见解而言，如果说东方文化是"静"的，那么西方文化则是"动"的；东方文化是"保守"的，西方文化是"进取"的；东方文化"内向"，西方文化"外向"；东方文化"单纯"，西方文化"复杂"。诸如此类意见，实窥视到双方文化之大概。此种差别，正是源于农业文化与商业文化之间的差别。

我们不能简单地讨论两者之间的高级与进步。商业易于集聚财富，又其居处集中，故商业文化必起于城市。而农业文化因田亩之限制，常束缚于一地，世代相袭，其进步缓慢，难有迅速推陈出新之新气象。故商业文化较之农业文化自有其文化优胜处。在贸易交流中，商人往返异地，见多识广，思想易进取。因而商业文化之进展较之农业文化更为活泼、鲜艳而富丽。

所以，商业文化是一种"点"与"线"之间的配合。商人利用几条线路汇合集中于城市一点，几条线路便是此城市向外交通的商路。但是，如果一味将"点"的繁荣寄托于"面"的朘削，那么，这几条商路所到达之商场，则并非商业文化之本身，而是其对立面。浅而言之，若新的交通路线不能继续发展，新的市场不能继续开拓，则商业文化之进取性变萎缩，财富停滞，文化亦停留不前。又因商业文化之精神，常寄托在"财富观念"上，迫至马克思，乃以黑格尔的历史哲学与达尔文的进化论相羼和，加之商业文化之对立与"财富观念"，建立了以经济、阶层为中心的"唯物进化论"。财富观念控制了人生，经济问题占尽了人事，职业取代了事业，知识取代了智识，遂产生了如符号学、符号论之类的理论。

相较于着重工业文明为主的商业文化，传统大陆农业文化习惯先于大体处落墨，再逐步凝固融结；而西方文化以城市商业文化为主，由精华凝聚的小点逐步放大，此为不同国家立国之势。从秦汉建构起的政治构架到隋唐建立起的文艺构架，"民族"的观念常被中国人融入"家"中，"国家"的观念常被融入"天下"或"世界"中。从世界大同到平等社会，乃至人生文艺，中国社会在一步步开放社会的同时，也由上至下，逐步形成了一种国家的"体"与"面"。子自母生能致主，精神合后更知微。体面之大者若天地。体之大，阴阳尽之矣。面之大，刚柔尽之矣。孟子曰："充实而有光辉之谓大，大而化之之谓圣，圣而不可知之之谓神。"王安石亦曰："神非圣不显，圣非大而不形。此天地之大，以古人之全体也。"这种大气大势并非产于当代，而是自古即有。这种大气大势的追求并不仅本诸感官视听之上的美感，而是溯源于人性至美的光辉。若近思体面之要，就不得不体究喜怒哀乐未发之中。面只是一种物性，物性与人性相悦而解，相得益彰，才是中国文化艺术历来共尊的一种理想境界。以身体之，以心验之，从容自得于燕间静一之中。体面的使用，也是对中国文化历史有机完整的全体，作一种直透内部共鸣的体察。在世界诸国中，只有中国及早完成了"民族国家"之体制，即由一民族来创建一国家，由一国家来抟成一民族之体制。由于此一体制，遂决定了此下中国文化之继续延绵与继续扩大，这在世界人类文化史上亦是一绝大发明，仅是人文科学文明之发明，而非自然科学方面之发明。

（三）

　　农业文化的发展本出自一片片小田地，进而融合为一面大土地。中国与西方诸国发展历史截然不同，西方往往一点而展开一面，中国往往一面而聚于一点。故农业文化实是一种"体"与"面"之间的关系。农业文化之支撑即在其自身而非外界，而其自身与外界又可融成一片。

　　从文化上讲，中国上古最广为人知的一部言阵的经典《易》包含了递进式的三点：一、人类男女刚柔之"天性"。二、占得一爻表示自己的时与地，其余为外围人物与事态，即"命"。三、根据二来考量自己进退态度，即"道"。而这囊括人世千情百态的著作也最终演化出了一种"体"与"面"（图1）。

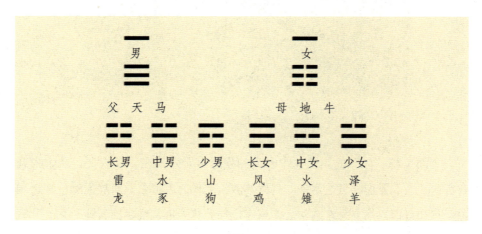

图1

　　同样，在春秋战国时期，蛮、夷、戎、狄并称四裔。称四裔并非指这些人为异族，他们同为中国人，只不过文化水平较低。随着封建逐渐发达，逼迫游牧部族向外迁移，因而有了"内中国而外四夷"之情况。从中国古代用来宗祀、告朔、朝觐的明堂设计和祭祀阵型，亦可以一窥中国古代"体"与"面"之鼻祖（图2）。

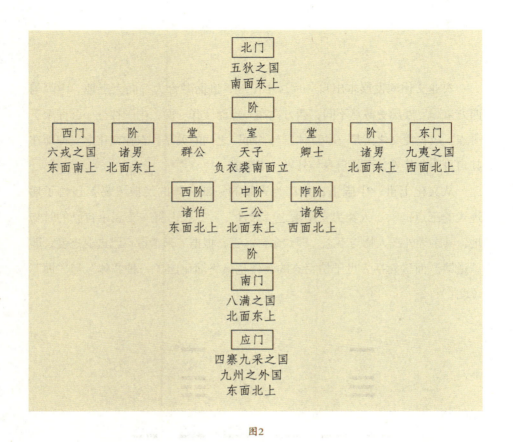

图2

　　"面"与"体"的属性在中国人的生活中无处不在。以气言，北宋张载有言："太虚无形，气之本体。其聚其散，变化之客形尔。至静无感，性之渊源。有知有识，物交之客感尔。客感客形与无感无形，惟尽性者能一之。"气之变化为体，始终，数也，有无，像也，无象无数，浩浩绵绵。象亦即是面，起承转合犹，物之惑人，摇荡性情，形诸舞咏。语小莫能破，语大莫能载，以空间感言阵四方上下曰宇，以时间感言阵往古今来曰宙，即承载了中国人宇宙观的叙述。因为中国人的大群人生无所谓出世入世，而是囊括了宇宙全体的人生。且中国宗教常给人以现世的感觉。此现世并非只看眼前尘世，而是通过打通人生与宇宙，成为一种浑全一体。中国人的人生观即是宇宙观，也即是"体"与"面"观。宇宙、人生融在了一起，才是中国人所讲的"天人合一"。

从内而外言，面之主要精神，不仅在外突出一个"众"字，亦在举出内在人人可能者，由团体力量来互相奋勉。因为这种面中亦包含有一"纯"字。古语尧舜与樵夫同是一人，端茶倒水童子亦是圣人。这种说法虽过犹不及，但体与面由内至外的统一正出于此。孔子言学在己，但学之内容却在达人，所以人人若能学成而天下大同。尽美矣，未尽善矣，中国思想上所说的"天人合一"，应用到艺术方面，则变为"心物合一"。人的匠心，绝不肯损伤到外物所自有之内性，体与面只就外物自性上为之释回增灵，这正有合于中庸上所说的"尽物性"。清王国维曾云："艺术之美所以优于自然之美者，全存于使人易忘物我之关系。"对物性之一番磨砻光辉，其根本还需从自己"尽人性"上做起。物性与人性相悦而解，相得益彰，这是中国艺术美所悬为一种共同的理想境界，这种境界也是有别于西方凸显个人而得到的人性展现。虽说世界上没有脱离个性而单独存在的共性，也没有纯粹的不呈现共性的个性。但如果说西方商业文化更多展现了个体间差异的人性殊相，那么，中国的农业文化则看见了本自天生的人性共相。

（四）

但是，我们不总是从整体的角度来看中国文化。中国文化在艺术中赋予的感情，常融于汤汤礼乐之中。阵势立其大体，而礼乐充其血脉。礼乐在此可以理解为一种具体艺术形式，但更深一层的，是包含了中国文化艺术特点的一个总和。中国古代文化常将礼乐并称。甲骨文中没有正式出现"礼"字，但已不止一次出现"乐"字。《周礼·春官·宗伯》曰："大司乐掌成均之法，以治建国之学政，而合国之子弟焉。凡有道者，有德者，使教焉。死则以为乐祖，祭于瞽宗。以乐德教国子，中、和、祗庸、孝、友；以乐语教国子，兴、道、讽、诵、言、语；以乐舞教国子，舞云门、大卷、大咸、大磬、大夏、大濩、大武……"以乐为核心，且全章音乐的活动，皆与祭祀紧密联系在了一起。而祭祀当然也是一种仪式，这种仪式就被称为了"礼"。通过《尧典》和《周礼》看，中国人对"礼"的基本规定是"敬文"或"节文"，这

133

是一般人所能够意识到的节制。敬须和乐，只是心中没事。南宋叶适云："程氏语学者，必以敬为始。予谓学必始于复礼，复礼然后能敬。"中国传统音乐虽同样含有规范的意味，如《国语·周语》伶州鸠："律所以立均出度也。"贾谊《惜誓》所言："二子拥瑟而调均分。"但在知性活动和社会活动相当复杂之后，不便被一般人所把握。孔子曾云："文质彬彬。"说明孔子把规范性和艺术性的协和统一作为礼的基本性格。礼乐并重，并把乐放置于礼的尚位，认定乐才是一个人格完成的境界，这是中国传统文化礼乐宗旨。西方文化艺术所表现出的自由、平等、独立只是于性中求善而未及约之以礼。博文约礼、克己复礼方为礼乐中的尊德向善。《曲礼》中三百余条，人情物理，的然不违，而厚者以株守为固，薄者以捷出为伪。个人自由乃仅是一种物质身体的自由。个性自由，方是人之天性之自由。个人自由往往因缺乏指导而落入纵欲，而个性之自由在中国传统礼乐中，则是教人于人性之中尽情发挥。个人自由在于外界，个性自由在于心灵。个人自由不能带来个性自由，个性自由却可引导个人自由。个人自由若不加以约束，必影响个性自由。只有拥有个性的自由，才有个人的自由，才能知天命，能体现出一种不受外界影响的内心心境。因此，礼乐给人的共鸣，不仅能通当世，亦能通过往今生，能贯穿中华五千年文化。承前所述，中国文化之所以能于世界文化之中虽古老而又充满生机，正在于这种文化能让人生贯彻通透于时间，即能知未来，也即所谓悠久无疆，以达来世。这并不是一种迷信的说法，而是本诸于中国文化一元人生观的心教。礼乐对作用，并非因，而是袭（因袭）。孔子寓教于礼乐，正在于礼乐为人提供了一套思维的开合流程。对人生来说如此，对中国文化所孕育出的任何一种文化艺术形式更是如此。南宋唐仲友云："卿谓圣人恶乱故制礼，然则礼强人者也。恶乱故制乐，然则声正乃矫揉，而淫声乃顺其情者也。见礼乐之末而未揣其本，即性恶之说。"从表面看来，四平八稳的礼乐是一种"约之以礼"的限制，但中国文化本是心在前，制在后，单纯音乐的美感只是礼乐最终的评判标准的一端。礼主敬，乐主和，谓之礼乐。发于情而衰易，约于礼而行难。约之以礼，此约不在法，不在力，而与忠信类似，出于和、敬，仍是以性为本。

（五）

味其诗而溯其志，诵其词而寻其学。中国的礼乐虽起源于祭祀，但与世界三大教宗释迦牟尼、穆罕默德、基督所产生的宗教文化却有不同。谢良佐言："明道先生善言诗，他又不曾章解句释，只优游玩味吟我上下，便使人有得处。"中国夏商周时期祭祀所称的鬼神上帝已经开始不针对于个人，而是只关注于社会大群。无论是在气势磅礴的阵势里，抑或是在温婉悠扬的个体中，越贴近人们印象中的中国传统礼乐，激动人心的一面较少，而平静人心的一面较多。因为礼乐的出现并不是为了个人心灵净化，而是为了社会制度的进化。中国的政治、宗教、道德很早便有趋向同一"性"的趋势，属于一种大群教义，而非小我教义。"性"是指大群共通性，而非小我个别性。个人小我可有罪恶，而社会大群无所谓罪恶，性善论由此而发。唐虞共推共主，夏商世袭传承，而周则开启了天子封立诸侯，这种由上至下的统治看似只有名义上的，但其实质是礼治的。通过王室的朝觐（诸侯亲天子之礼）、聘问（派遣大夫行之）、盟会（有事则事，不协则盟）庆吊等礼节，使王室与诸侯之间更趋亲密，可以不用兵力，单用此平和的礼节，让人文日趋同化，人人向心力更趋相同。礼治艺术化后的一种产物即是礼乐。所以，礼乐并非仅指礼仪和艺术。《周易·豫卦》曰："象曰，雷出地奋，豫。先王以作乐崇德，殷荐之上帝，以配祖考。"象曰，一般称为《大象》。《大象》大约成书于战国初期，但其言必称先祖，因此，礼治的源头在于宗教。法律被政治吸收而产生法治，宗教被政治吸收而产生礼治。商周时期的祭祖配天，即已有此意味。有诸内者必出于外，有诸外者必本于内。"孰谓礼乐刑政之大，不发于心而伪饰云乎？礼之初，顺人之性欲而为之节文者也。乐、刑、政三者，礼之大用，此礼之三支也。在礼之中，有温原而广爱者曰仁，有断史而从宜者曰义，有疏远而能谋者曰智，有固守而不变者曰信，此礼之四名也。""听韶不知肉味"乃是讲诗礼乐中之乐的最终教化功能，乃学而时习之，不亦悦乎的最高境界。

所以，论礼不是形式问题，而是论其内含之真意，亦即礼随中国地缘文化大流而宗教化、政治化、伦理化的意义。不明白礼之演进，既无法明白孔子所完成的重要一步——把贵族之礼推演到平民社会，完成中国古代文化趋向人生伦理化之最后一步骤。"礼"背后有一个"仁"字便大不一样，这是任一艺术形式摆脱单纯政治化而上升到人伦化的关键一着。有子曰：礼之用，和为贵，先王之道，斯为美，小大由之。有所不行，知和而和，不以礼节之，亦不可行也。礼在于有内心之和，美行先王之道。"为政以德，譬如北辰"，德为有得，即行仁义而非仁义行。若由仁义行，则必再待礼节之。北辰即北斗，万星围其旋转、变化，而其则永恒不变。礼乐激起观众的起伏并非由礼乐发，而是由观众起。让观众反观内心产生震撼与触动。其作用并非西方巴洛克所言的"狂欢"，而是孔颜所谓"和乐"，这就为大的中国文化背景下的众多文化分支提供了另一种不同效果的可能性。从这一点上进一步深思，无论何种文化分支，只要能从"体""面""礼乐"的角度略加思索，其中的韵味自然会浮现于心中。

人生新向往

（一）

在一个五达道的社会中，人生应有更高理想，更高向往。争独立，争自由，争平等，都是争之于人，要向外争，如此讲自由的讲到极致，天下之罪皆假收以行之。奉三达德，行五达道，则贵能"反求诸己"，自尽在我，不在向外争取，如此则道德最自由，谁也不能禁止我。道德也是最独立的，因道德只在己，不靠外面。道德亦是最平等的，有德无德，不论外面条件。道德只是讲做人。人人都能做，并由一人自己单独做，所以是最平等、最自由、最独立。人生只是一个向往，我们不能想象一个没有向往的人生。向往必有对象。那些对象，则常是超我而外在。对精神界向往的最高发展有宗教，对物质界向往的最高发展有科学。前者偏于情感，后者偏于理智。若借用美国心理学家詹姆士的话，宗教是软心肠的，科学是硬心肠的。由于心肠软硬之不同，而所向往发展的对象也相异了。

中国人的人生可以说有"人道""物理"，而天则有"天理""天道"，实兼了人物两面。由物性而有物理，由人性而有人道。"性"字更含一种向往与导向，非仅指本能属性，所以自然中包含"性"，但"性"却不仅

137

是自然。孙慎行说："程子以穷至物理为格物。性即理也，性无内外，理无内外，即我之知识念虑与天地日月山河草木鸟兽皆物也，皆理也。天下无性外之物，无理外之物，故穷此理至于物物皆一理之贯彻，则充塞宇宙，绵亘古今，总之一理而已矣。"此之谓穷理尽性之学。《说卦传》言："穷理尽性以至于命。"人有性，物也有性。尽人之性为"人道"，尽物之性为"天道"。在西方，"人"与"物"，"天"与"人"，始终对立。唯心唯物，皆从静定的理解上来讲沟通此对立，统一此对立。中国则把"道"的一观念，把"人文界"与"自然界"沟通了，统一了。"道"之大原出于"性"，性与道，根本不是静定的死物，而是一种"动进的"，具有由此往彼之趋势与倾向的一种过程。"理"贵能"分析"，从死的静定的方面看，"道"贵能"综括"，由活的变动的方向看。西方科学"研究物理"，常从两物之"关系"上看，因此常是死的、镇定的。其实西方，宗教里的上帝，亦何尝不是超然物外静定不动的呢？中国文化之"研究"人性天道，常从两性之"感应"上看，虽亦是一种因果关系则常是活的、变动的，故中国人爱言"化"。要了解中国之所谓性，必了解中国之所谓化。西方人喜言物之"质"或物之"能"，中国人喜言物之"性"与物之"化"。故西方贵言"智识"，而中国贵言"教育"，此是中西文化观念上一甚大差异。

因此中国人之看自然，亦爱从其活的、变动的方面着眼，换言之，则喜从物的"德性"上着眼，即从德性的观点上来求人和物相协调、相沟通。业在外，性在内。任何外界的业都会与性相互影响，性善、性欲，都是对性的一种脚注。故中国人又常言"性命"，性就其"内在"言，命就其"外在"言。物各有性，物之性并不即是我之性，我便奈何不得物，也正如物奈何不得我。但宇宙间一切物，最先必从一个本源演化而来，而且它们既然同处在此一宇宙之内，而且已同处得这么久，而且其相互间又有如此深密之关系，则其间必然有可相通处，必然有可并行不相悖，并育不相害之处，此便是中国人之所谓"道"。道之大源出于天，其实中国人所以谓之"道"与"天"，正即是"自然"。自然整个是一个"善"，否则何以能并行不相悖，何以能长久相处，何以能彼我相通？

（二）

　　中国人主张合内外，又重情，情即合内外而成。情义可分两类：一是由内感外，一是由外感内。今亦可称由内感外者为"情"，由外感内者为"感"。《中庸》言喜、怒、哀、乐、爱、恶、欲七情。其实七情中以"欲"为主。合于所欲则生爱，反于所欲则生恶。得其所爱则生乐，失其所爱则生哀。遇所爱则生喜，遇所恶则性怒。七情以"内"为主，即以"己"为中心。天地万物皆在外，随其所感而情斯变。欲即性也。性由天命，而以己为中心，亦即以天为中心。此又谓之"合天人"。

　　华严法界三观言周遍含容观。周遍，即无所不在。无法不摄日含空；观全事之理，和全理之事，随理而一一可融，随事而一多无碍。孔子曰："七十而从心所欲不逾矩。"从心所欲，即犹《中庸》之言"率性"，俗言"任性"。然则中国人生中理想乃是要任性，任性亦犹言"任天"。唯此天字亦可分内外。在己之内者为性，尚有在己之外者，如云"天理"，则即孔子言"不逾矩"之"矩"字，能任己之性而不违天理，则其间当有一段修养工夫，孟子曰："尽心知性，尽性知天。"是也。

　　唯孔、孟儒家比较偏重讲究内，庄老道家则比较偏重讲究外。《中庸》《易传》已把此内外会通说了。宋理学家更然，乃分说天理、人欲。心所欲而逾矩了，即是人欲；外面规矩与内心所欲合一无违，乃始是天理，始是通天人，合内外的境界。故云："天理人欲，虽同体而异用，同行而异情，进修君子，宜深为别。"

　　《乐记》曰："人生而静，天之性也。感于物而动，性之欲也。"人生一般的要求，最普遍而又最基本者，一为恋爱，二为财富。故孟子说："食色性也。"追求恋爱又是偏情感，软心肠的。而追求财富是偏理智，硬心肠的。追求的目标愈鲜明，追求的意志愈坚定，则人生愈带有一种充实与强力之感。人生具有权力，便可无限向外伸张，而获得其所求。追求逐步向前，权力逐步扩张，人生逐步充实。随带而来者，是一种欢乐愉快之满足。近代西方人生，最足表明像上述的这一种人生之情态。彼明以知觉为性，始终不知性之为理。

这一种人生，有它本身内在的缺憾。生命自我之支撑点，并不在生命自身之内，而安放在生命自身之外，这就造成了这一种人生一项不可救药的致命伤。

文庄罗整菴先生钦顺曾自叙：

> 昔官京师，逢一老僧，漫问何由成佛，渠亦漫举禅语为答，"佛在庭前柏树子"。意其必有所谓，为之精思达旦，揽衣将起，则恍然而悟，不觉流汗通体。既而得《证道歌》读之，若合符节。自以为至奇至妙，天下之理莫或加焉。后官南雍，圣贤之书，未尝一日去手，潜玩久之，渐觉就实，始知前所见者，乃此心虚灵之妙，而非性之理也。自此研磨体认，积数十年，用心甚苦，年垂六十，始了然有见乎心性之真，而确乎有以自信。

你向前追求而获得了某种的满足，并不能使你的向前停止。停止向前即是生命空虚。人生的终极目标，变成了并不在某种的满足，而在无限地向前。满足转瞬成空虚。愉快与欢乐，眨眼变为烦闷与苦痛。逐步向前，成为不断的扑空。强力只是一个黑影，充实只是一个幻觉。人生意义只在无尽止的过程上，而一切努力又安排在外面。

叔本华《伦理之二大问题》（Die Leiden Ground problene der Ethik）说，心诚不能自降而为物，主诚不能自居为客，然人信世界存在之中心又实不可排除，故知人之自觉实使人自觉他，使人仅为主体但能自觉，则于客体之本质必绝无所知矣，由是观之，人虽为己心之主，又实兼为其客，犹人为他人之心之客。主兼为客，客亦可以为主，其宪象本自相类。由此而言，外面安排，逐渐形成为一个客体。那个客体，终于回向安排它的人生宣布独立了。那客体的独立化，便是向外人生之僵化。人生向外安排成了某个客体，那个客体便回身阻挡人生之再向前，而且不免要回过头来吞噬人生，而使之消毁。

王阳明曰：

> 从册子上钻研，名物上考索，形迹上比拟。知识愈广而人欲愈滋。才力愈多而天理愈蔽。正如见人有万镒精金，不务煅炼成色，求无愧于彼之精纯。而乃妄希分两，务同彼之万镒。锡铅铜铁，杂然而投。分两愈增，而成色愈下。既其稍末，无复有金矣。

但是西方的历史并不如此。知识即是权力，这是西方从古相传的格言。从新科学里产生新工业，创造新机械。机械本来是充当人生之奴役的，然而机械终于成为客体化了，于是机械僵化而向人生宣布独立了，人生转成机械的机械，转为机械所奴役。现在是机械役使人生的时代了。

知识是可以来触类旁通的，但那只是大体上的、空泛的。若用旁通的知识去解释稍微具体一点的事，就进入了滑稽说的观点内，至少是用一种部分形式化的自由去追逐真正的自由。其先从人生发出权力，现在是权力回头来吞噬人生。由于精神之向外寻求而安排了一位上帝，创立宗教，完成教会之组织。然而上帝和宗教和教会，也会对人生翻脸，也会回过身来，阻挡人生，吞噬人生。禁止人生之再向前，使人生感受到一种压力，而向之低头屈服。

西方人曾经创建了一个罗马帝国，后来北方蛮族把它推翻。中古时期又曾创建了一种圆密的宗教与教会组织，又有文艺复兴的大浪潮把它冲毁。此后则又赖借科学与工业发明，来创建金圆帝国和资本主义的新社会，现在又有人要联合世界上无产阶级来把这一个体制打倒。西方人生，始终挟有一种权力欲之内感，挟带着此种权力无限向前。

权力客体化，依然是一种权力，但像是超越了人类自身的权力了。于是主体的力和客体的力相激荡，相冲突，相斗争，轰轰烈烈，何等地热闹，何等地壮观呀！然而又是何等地反复，何等地苦闷呀！

说也奇怪，你要向外，便有无限的外展开在你的面前。你若要向内，又有无穷的内展开在你的面前。你进一步，便可感到前面又有另一步，向外无尽，向内也无尽。人生依然是在无限向前，人生依然是在无尽止的过程中。或者你可以说，向内的人生，是一种向后的人生。然而向后还是向前一般，总之是向着一条无限的路程不断地前去。

你前一步，要感到扑着一个空，因而使你不得不再前一步，而再前一步，又还是扑了一个空，因而又使你再继续不断地走向前。向外的人生，是一种涂饰的人生。而向内的人生，是一种洗刷的人生。向外的要在外建立，向内的则要把外面拆卸，把外面遗弃与摆脱。外面的遗弃了，摆脱了，然后你可走向内。换言之，你向内走进，自然不免要遗弃与摆脱外面的。人生内外有两层，第一层"忘我于物"，把人生投向物事世界，以物为"主"，我之投入为"客"，物非我，故得一"想象我"；第二层"忘我于人"，把人生投向人世界，我之投入，亦同是一"主"，人即我，故得一"真我"。向内的人生，是一种洒落的人生，最后境界则成一大脱空。敬须和乐，只是心中没事。佛家称此为涅槃。涅槃境界究竟如何呢？这是很难形容了。约略言之，人生到达涅槃境界，便可不再见有一切外面的存在。外面一切没有了，自然也不见有所谓内。内外俱泯，那样的一个境界，究竟是无可言说的。倘你坚要我说，我只说是那样的一个境界，而且将永远是那样的一个境界，佛家称此为一如不动。

（三）

向外延伸是一种修饰，而向内的人生是一种洗刷。向外的要在外建立，向内的则要把外面拆卸，把外面遗弃与摆脱了，然后才可以走向内。换言之，向内走近，会顺其自然地遗弃与摆脱外面的。向内的人生，就理说，应该可能有一个终极宁止的境界，而向外的人生，则只有永远向前，似乎不能有终极，不能有宁止。在理论上，外倾型的观念，比较欠圆满，但在实际上，有其战斗向前精神，易于取得临时的胜利，而终极则不免要失败。内倾型的文化，就理论讲，其观念似较圆满，但在实践上，和平而陷于软弱，要守守不住，要定定不下，远影虽美，抵挡不住当前的狂风暴雨。于是人类文化，遂在此两类型之偏胜偏短处，累累地发生了无穷的悲剧。向外的人生，不免要向外面物上用功夫。而向内的人生，则只求向自己内部心上用功夫。然而这里同样有一个基本的困难点，你若摆脱外面一切物，遗弃外面一切事，你便将觅不到你的心。你若将外面一切涂饰通通洗刷净尽了，你若将外面一切建立通统拆卸净尽了，你将见本来便没有一个内。你若说向外寻求是迷，内明己心是悟，则向外的一切寻求完全祛除了，亦将无己心可明。因此禅宗说迷即是悟，烦恼即是涅槃，离生死，归于常乐和我净，众生即是佛，无明即是真如。湛若水所谓支离者，二之之谓也。非徒逐外而忘内，渭之支离。是内而非外者，亦谓之支离。过犹不及耳。如此般的人生，便把终极宁止的境界，轻轻地移到眼前来。所以说立地可以成佛。

西方人的态度，是在无限向前，无限动进。佛家的态度，同样是在无限向前，无限动进。你不妨说，佛家是无限向后，无限静退，这只是言说上不同。总之这两种人生，都有他辽远的向往。中国禅宗则似乎没有向往。他们的向往即在当下，他们的向往即在不向往。似乎可以说禅宗守着一个中立的态度，不向外，同时也不向内，屹然而中立。可是这种中立态度，是消极的，是无为的。若我们再把禅宗态度积极化，有为化，把禅宗态度再加上一种向往，便走上了中国儒家思想里面的另一种境界。

中国儒家的人生，不偏向外，也不偏向内。不偏向心，也不偏向物。它也不屹然中立，它也有向往，但它只依着一条中间路线而前进，它的前进也将无限。但随时随地，便是它的终极宁止点。因此儒家思想不会走上宗教的路，它不想在外面建立一个上帝。它只说人性由天命来，性善，说自尽己性，如此则上帝便在自己的性分内。儒家说性，不偏向内，不偏向心上求。他们亦说食色性也。饮食男女，人之大欲存焉。他们不反对人追求爱，追求富。但他们也不想把人生的支撑点，偏向到外面去。他们也将不反对科学。但他们不肯说战胜自然，克服自然，知识即权力。他们只肯说尽己之性，然后可以尽物之性，而赞天地之化育。他们只肯说天人合一。他们有一个辽远的向往，但同时也可以当下即是。他们虽然认有当下即是的一境界，但仍不妨害其有对辽远向往之前途。他们悬至善为人生之目标。不歌颂权力。他们是软心肠的。但他们这一个软心肠，却又要有非常强韧而坚定的心力来完成。这种人生观的一般通俗化，形成一种现前享福的人生观。

中国人常喜祝人有福，他们的人生理想好像只便在享福。福的境界不能在强力战斗中争取，也不在辽远的将来，只在当下的现实。儒家思想并不反对福，但他们只在主张福德俱备。只有福德俱备那才是真福。

无限的向外寻求，乃及无限的向内寻求，由中国人福的人生观来看，他们是不会享福的。福的人生观，似乎要折损人们辽远的理想，似乎只注意在当下现前的一种内外调和、心物交融的情景中，但也不许你沉溺于现实之享受。飞翔的远离现实，将不是一种福，沉溺的迷醉于现实，也同样不是一种福，有福的人生只要脚踏实地，安稳向前。

印度佛家的新人生观，传到中国，中国人曾一度热烈追求过。后来慢慢地中国化了，变成为禅宗，变成为宋明的理学。近人则称之为新儒学。

中国近代的风气，似乎也倾向于向外寻求，倾向于权力崇拜，倾向于无限向前。但洗不净中国人自己传统的一种现前享福的旧的人生观。要把我们自己的一套现前享福的旧人生观，和西方的权力崇拜向外寻求的新人生观相结合，流弊所见，便形成现社会的放纵与贪污，形成了一种人欲横流的世纪末的可悲的现象。如何像以前的禅宗般，把西方的新人生观综合中国人的性格和观念，而转身像宋明理学家般把西方人的融合到自己身上来，这该是我们现代关心生活和文化的人来努力了。

傅

者心路

Part.2

传媒与性道

　　不同国家、每一个时代都有其相应的通讯方式。飞鸽传书、高台唱戏、烽火大鼓，无论其内容是单纯的传递信息，还是教化娱乐，我们都可以将其看做一种传媒手段。同样是舞台剧，印度的梵剧、中国的傩戏、欧美的歌剧都有相似之处，但异更胜同。当我们回首历史，就会发现同样是一个类型的传媒方式，最终带给人的感受是不一样的。这种异处，就是我们所说的传媒的特性，其实也就是一个国家特有的属性。

　　从1923年1月23日，中国无线电公司经理奥斯邦与《大陆报》合作，成立了中国第一座广播电台开始，到1958年9月2日，我国开始播送黑白电视，并建立了相应的电视工业，再到今日传媒行业在中国的发展进入到新媒体时代，我们对西方传媒行业的态度总是研究、模仿、学习，可是却发现我们始终慢人一步。相较于好莱坞的电影工厂，BBC的纪录片，百老汇、伦敦西区的音乐剧，拉斯维加斯的赌场秀，似乎我们再怎么投入资金与时间，得到的相关产业结果也总是不尽如人意。纵使是国家级制作单位，也很难在某一领域的国际横向比较中取得优势。

　　这种类似现象可以追溯到一百年前的清朝。在传媒行业尚未兴起的那个时代，为了紧追西洋军备，清政府投入了大量财力购置火炮军械。但是结果人所共知，清政府仍未逃脱失败结局。如果我们把历史再向前倒推二百多年，我们就会发现明朝时期的中国军事力量在世界格局中几乎稳坐头位。明朝在与葡萄牙等国交战的时候，亦师他国技术。同样是学习，为何明清之间有如此大之差距？

　　史云，明亡亡于万历。万历一朝因张居正、争国本等各种复杂的原因，至该朝十五年时在上者不上朝理事，在下虽有竭力挽回者，但无奈政治风气转变，士大夫精神既衰，最终无力回天。清朝承前启后，但承者却是从人文精神已枯竭的崇祯时起。中国的政治向来与学术密不可分。清朝既承崇祯，再加上满汉对峙，汉族学者的研究方向遂有大的变化。笺注训诂，学者虽不可使之溺乎此，又不可使之忽乎此，要当昭示以用功之实，而无忽乎细微之间，使之免溺心之病，而无躐等之失。表面上看，乾嘉考据似乎走上了一条近于西方的实证主义路线，可当这股学风真正遇上西方文化时，却立即露出了由秀才到学究的本来面目，也让后人产生了中国学术思想自始即落后荒蛮于西方的错觉。在学术领域落了下风的中国，在处理西方传入的先进科学技术时自然矛盾重重，只能师他人之技，却不能化他为我，用自己的文化思想加以统筹，遂在整体军事、文化领域都向西方低下了头颅。

　　新中国的历史从1949年开始，距今已经有一个甲子多的时间。中国的经济、政治正在不断崛起，在世界上已经形成了一股不可小觑的力量。但是，历史是连贯的。我们在审视当下传媒文化时，并不能截取中段，只以新中国成立以来六十年或改革开放后的二十多年作为传媒的文化史。否则，传媒传入中国后，似乎成了无源之水。我们仍旧沿着清末的路线在学习西方文化，仍旧没能在自己文化中找到与西方文化的融合点。既然历史在清朝出现了问题，我们的研究就应该放宽视野，上溯中国文化，以一种更广阔的姿态来观察传媒文化。

　　既然我们把传媒定义为一种文化，首先就要讲清楚传媒文化在中国之主要特征应是什么。

　　一般，我们都认为文化就是人生。但传媒文化并不是指个人的人生，而是指"群体"的人生。群体的人生是多方面的。一个社会，一个民族，乃至一个成群的大团体所包含的多方面的生活，综合起来即为人生，也就是传媒文化。

在西方，"文明（Civilization）、文化（Culture）"两词都可追溯到古希腊。首先延传到近代工业文明率先发达的英国，偏重于物质基础的Civilization指一种偏近城市生活而可互相传播者，从某地开始，再传播到某地去，有一定外界规则，其意义所指不免偏重于物质；再次延传到近代物质生活比较后起的德国，偏重于精神基础的Culture则偏近田野农作方面，如一切植物般有自己的生命和生长，一切人的生活和文化不从外来，而有自己生命。传媒一词就是这两者的缩影。偏重于物质文明，我们将传媒翻译为Media，侧重于一种实实在在的传播媒介；偏重于文化传播，我们将传媒翻译为Communication，侧重于不同对象之间的信息传递。所以，对传媒文化的研究应该也就是对文明、文化之间差异对比的研究。

"文明、文化"两词在中国古经典里早有来源。"文明"一词在中国最早见于《小戴礼记·乐记篇》的"情深而文明"。"文化"一词最早见于《易经贲卦·彖辞》的"刚柔交错，天文也。文明以止，人文也。观乎天文以察时变，观乎人文以化成天下"。

《说文》云："物相杂谓之文。""文"字在古代对应着不同事物之间的流品，如同我们现在所讲的"种类"。人生是有种种不同的种类的。生男生女，由老及少，天地生人即分不同种类，但这些不同种类又化成一个大的天下。"天下"便是人生中最大的一个群体。人生群体不由天下生，乃由人文化。一棵参天大树可以说是自然的。但如果我们把这棵树放入周围天高地阔、一片茫茫草原的意境中，便是人文，是文化了。中国人讲修齐平治，天地只生得一个人，并没生得种种礼仪制度。《礼记》云："人生而静，天之性也。"这是天生的"种类"，人类从这自然种类化成了吉、凶、军、宾、嘉，由身化为家，由家化为国，由国再化为天下，这就不是自然，而是人文。如前所云，Culture一词在近代西方是一个新观念。孔德（Comte）的实证学派（Positivism），分人类进化为三级：一、神道级，空国之民之思想；二、形而上学级，以方术浅陋，不得不逞臆说；三、实证级，为学之方，尊经验而去臆说，真理乃出。在这种分离式渐进中，西方人自始即有真、善、美之三观，循至宗教、科学、艺术各各分道扬镳，互不相顾。而人道则转需建立在法律上；

法律又需建立在权力上；权力又妨碍了人性尊严，于是需要有个人自由之争取。而个人与社会亦遂划分为二。西方从希腊苏格拉底时期就开始细分社会科类，政治、经济、军事、外交、宗教、艺术、文学、哲学，等等，但对人类大群生活，在Culture之前却没有一个如此涵盖一切的词语。

至于"文明"二字，用中国古语解释，是使不同种类更加明显化。如使人类区别于禽兽，并能停止在明显的种类上，则莫过于创造出种种礼仪制度，便是文明。故文明即是人文。"情深而文明"，是说感情到了深处，人与人之间的关系自然更加明显。这是中国古人观念，距今已经两千多年。可见，文明、文化、人文三词虽本于中国古经典，但用来翻译近代西方传入的观念却恰好符合。

但是，西方人有西方人的观念，即想法和看法，中国人有中国人的观念。除却《易经》中的这段话之外，我们另有一个词也是表达对"文化"二字的观念——"道"。

中国人对"文化"二字的观念，又常以一"道"字来表达。道，便是指的人生，是超出人生一切别相之上的一个综合的更高的观念，乃是指的一种人生之"共相"。但这一"道"字在英文、德文中更无一个相对应的单词。按中国人的理解，道并非仅为一条"路（Road）"，而为一种"理想文化"。政治有道，外交有道，传媒亦应有道，一切人生别相都应有道。行人所行之道为形而之下、可见的，但行人为何行此一路，必有一所以然，那是形而上、不可见的。要使人类大群化为一个整体，西方是通过文化传播，用各种物质文明将人与人之间连接；中国人讲"大道行之天下为公"，大道之行，讲的是心与心之间的感通，亦即是说天下人类已经共同达到了一个合理伟大的文化境界。可以说，中国人这一"道"字观念，即相当于近代西方人"文化"二字。但沿着这条"道"往上走，我们却发现，传媒在中国文化中似乎另有一径，实不同于西方定义。

中国人讲道，与近代西方人讲文明、文化有一区别。西方近代因文明而生出文化，故重外相，即中国古人所称之"象"。现象是表现在外，人所共识的，所谓"形而下"者。如在传媒文化产业，文化需落实于产业，才能形成市场，亦才能促进于文化。一种新的技术往往带来一门新的艺术，再逐渐壮大，生成一门新的文化。而中国人讲"道"，是指人生本体而言，有其内在意义与价值。更深一层讲，在全球化一体的今天，西方所谓的"全球化"是指用互联网、电视、手机种种物质文明的发明发现连接全世界、全人类。而中国人的观念里，则注重在人类内心之间的"感通"上。端茶倒水童子亦可为圣人，修好己身才能治好其家，才能治国平天下才能把世界人类大群化为一体，成为一个天下。所以，西方讲"文化传播"，而中国则讲"大道行之"，在此一观念分歧上，便形成了中西传媒文化之两型。

有人常说："西方文化是偏重物质的，中国文化是偏重精神的。"所以，无论是传媒领域或是其他领域，在面对这个"道"字的时候，总感觉玄之又玄。物有物理，人有人道。现代传媒的发展常将物理、人道分开来讲。西方传播学学者施拉姆曾说："符号总归是传播的元素，是能够释出意义的元素。"结构主义符号学认为：符号本身是一种诱导人做出反应准备的刺激因素，是"思想的工具"。它由"能指（符号形式，signifier）和所指（符号内容，signified）构成，两者的关系具有任意性。现代符号学奠基者之一的皮尔斯认为符号在本质上是一种三元关系，即由符号自身符号形体、符号对象和解释项构成的三元关系。故传媒自身无生命，看似客观，可离人独立，谓"客观真理""天人相异"。而天有天理，亦有天道，兼了人、物两面。中国人不称物道或者人理，就可见在人、物之间还需有一接引，也就是中国人常讲的"性"。一器物，如果脱离了养育其的天、地、人，即失去其生命精神，亦失去其文化价值。孔子曰："性相近，习相远。"孟子曰性善，荀子曰性恶，《三字经》开篇即讲："人之初，性本善。"中国人特别看重此一"性"字，而近代西方心理学亦讲"本能"。其实这两者绝不相同。心理学的本能主要从物理学、生理学讲起，主要从身体机能上探求。人不该抹杀喜怒哀乐，或仇视喜怒哀乐，不该认为性善而情恶，不该因怕情，连带而怕性，要求无生，趋向寂灭。人该在喜怒哀乐上求其不失和之理与和之气，便该求喜怒哀乐之发而皆中节。

中国古人讲性，超乎物理生理之上，直指本心。也有人说性即自然

（Nature），但其间也有不同。按中国人想法，我们只能说性本自然。人亦是一自然。但在自然中仍有性。一切有生物、无生物都来自自然，不害于万物之各有性。性由自然而来，《中庸》云："天命之谓性。"这一"天"字，也可说之为自然。按西方分类，科学与宗教显是两支，自然与上帝显而有别，所以现代传媒中的物理与人道彼此可以不相连。但按"性"一字的讲法，物理与人道却可相通，并亦无大分别。"性"字的含义，似有一个动力，一个向往，一个必然要如此的意志，非仅指本能属性。传媒之性可以兼容物性与人道，即是调和文明与文化，只是在大同中略有小异。人有人性，物有物性，此即是在大同之下的小异。近代西方乃由"物性"而发明"物理"；中国传统文化则从"人性"来指示"人道"。这亦证明由不同观念会产生中西传媒文化两型。

按中国传统想法，只认为人生一切大道必根源于人性，违逆了人性便不是人道。天之生人，只生了人，却没有生人的文化与道。宋陈亮曰：

> 心之用有不尽而无常泯，法之文有不备而无常废，人之所以与天地并立而为三者，非天地常独运而人为有息也。人不立，则天地不能以独运，舍天地则无以为道矣。夫"不为尧存，不为桀亡"者，非谓其舍人而为道也。若谓道之存亡非人之所能与，则舍人可以为道，而释氏之言不诬矣。

人的一切文化和人道皆是从人自身逐渐发展而来。这个说话极为简单，但却是颠扑不破的。中国儒家孟子主"性善"，西方基督教主"原罪"。这两个宗教上最基本观念的不同造就了对人性认识的不同。中国人又常将"道"与"术"两字连用。"道、术"两字同指一条路。分开用，术指的是技术，讲究物理。而道是教人从这路的彼端通向此端。例如要成功报道一个突发事件，就要讲究不同策略战术。用平面媒体报道，用广播报道，用电视新闻报道，这是不同的"术"；将事件拍成专题片，拍成纪录片，或事后拍成电影电视剧，这也是不同的"术"。至于为什么要报道这一事件，报道这一事件的目的何在，这乃是道。必先有了道，才能讲到"术"。道是先决的，术是次要的。传媒领域的一切新发明、新手段，从物理的角度看都是真理。但这些真理，可以用来传播正能量，亦可以用来迷惑人心。只因发明、手段本身没有道，只有理。把这些理表现出来，只是一些术。而对术安排的起源则在"心"。心之所同然即曰性。如对街边肮脏乞讨者产生厌恶感，掩鼻而走是性；而后发现乞讨者的悲惨处，产生同情感，群起而帮助之，亦是性。前者是先起之性，后者是后起之性。性之继起，多是趋向于"善"的，所以中国人历来都信从孟子"性善论"。最先帮助乞讨者的人，便是先知先觉，继起的人便是后知后觉。在传播学中，这是一种最基本的人与人之间的传播模式，在《中庸》中，我们称之为"诚则明"。诚实天赋予我们的，明是人自发自觉的。后知后觉效仿先知先觉，此所谓"明则诚"。至诚也就是性，一切由性出发的行为即是道。

以我所在的中国传媒大学为例。学校下面总设四个学部，分别为艺术学部、文法学部、理工学部和新闻传播学部。如果按逻辑思维，那么艺术+文法+理工+新闻传播=中国传媒。这就意味着传媒行业并不仅仅指广播电影电视系统所涵盖的范围。从具体学科课程设置更可以看出，除了传统电视人所需涉猎的领域外，无论是歌剧、舞剧、音乐剧、绘画、文学创作，还是市场营销、科技发明、受众分析、传媒法律等，在新媒体时代，几乎整个文学艺术创作和相关配套理论领域都纳入了传媒的范畴。研究传媒实际上就是研究途径。途径有物理的，有心理的。心理的途径并非只是为物理途径下一定义，仍是一脚注。此一脚注应超越定义，由性而引道，使受众有一方向，使人人心中均向此途。传媒只是一个载体，载体虽然有载体的属性，但负载内容的国家属性、民族特性同样十分重要。产生一个国家传媒传统的并不是传媒这种公器本身，而正是在于其上的负载。更细致讲，"传媒"二字要分开看。"传"是途径，"媒"是内容。故两者进化的道路一是物质的，一是精神的。精神是主，物质是仆。虽然没有了物质，精神就没有暂存场所，但没有了精神，物质便失去了其意义与价值。同时，两者只能相互促进，并非绝对依赖。"传"者再好，"媒"者不同，效果也千差万别。"传"应是一辅助，帮助"媒"将内容传递更远、更广。"传"为手段，"媒"为目的，创造途径与使用途径可以完全不同。所以传媒是一种方法论。方法论只是求学的基本功，最多只是一种思维方式，但却不能代替思想本身。

所以，虽然中西传媒有种种差别，但是人性既然相同，人道也可相同。西方人可走的路，中国人也可走。只要是人，都可以走这条路，这样一条路便是"大道"。既是大道，三千年前与三千年后的人也该时时可行。如帮助乞讨者的"扶贫救弱"就是全世界古今中外人类一条通行大道。传媒在中国应该能有一条大道，这条大道不仅中国人能走，而且世界人都能走，又到处都通。"率性之谓道"，传媒要把人类天性发展到人人圆满无缺才是道。这样便叫做"尽性"。尽己之性要可以尽人之性，尽人之性要可以尽物之性。性即理也，所谓格物穷理者，并不如近代人观念，认为穷在物理。朱熹言："理者天之体，命者理之用。性是人之所受，情是性之用。"照此所谓的"穷理"，应该直穷到宇宙之大全体，天命流行，落到人身便见性，性之作用发露便是情。当下传媒行业所穷者，仍是人文世界之理，即性理或义理，而非自然世界之理。我们可以说，传媒文化是"人本位"的，以人文为中心，只在求完成一个一个的人。此理想的一个一个的人，配合起来，就成一个理想的传媒文化。

所以，传媒并不先落实于实体，而应落实于目的。性是一自然，道由性生，那就是自然人文合一，也即是性道合一。传媒并不是一个被动的载体，而应是一个主动的生命。一个真实的传媒载物体，若能找到其统一其概念，则它本身和这个概念即形成了一个对立，而互为否定。这两个否定相加即形成了真正的理念，即形成了主动。这种主动首先不是指行动上的，而是应该发自本有的，如叔本华所云："世界者，我之观念也（Die welt ist meine Vorstellung），自我（Ego）与心思之先天条件所创造者也。"无生命之物如水、火，其意志仅曰"欲"，曰"嗜"。传媒文化的正能量不仅是来自负载体，也来自其自身设定的世界观。性道合一，即是将这种世界观通过传媒介质，导向一种理想文化。总之，传媒之道，要其无往不合处处可通，此乃中国文化一套大理想，一番大结构。《大学》二纲领曰"在明明德，在新民，在止于至善"，亦即此一"道"字。此乃中国文化传统精神所特有的伟大处。我们首先认同此大趋赴，乃能认识中国历史，乃能认识中国社会与中国民族文化精神，也才能更深入前瞻传媒在中国未来发展的道路。此即中国人所谓之"大道"。

传媒文化的三阶梯

（一）

如果我们将传媒文化视为当下人与人之间媒介的整一全体，我们要开始研究这个全体，就必须将这复杂繁多、绵延的一整体事先加以剖析。剖析的方法，可有两步骤。

一、先把此多方面的文化事先分类。

二、把此长时期的文化加以分段。

前者是对传媒文化一种横剖面的探究，亦可称其为平面性的探究；后者是对传媒文化一种纵割性的探究，亦可说是直线性的探究。但传媒文化又是时空融凝的一个整体，因此我们的分类分段、横纵剖析，又需能划分时期与分别部门两者相配合。我们又必须达到一个较自然的目标。

本从此意，我们暂且把传媒分为三大类。

第一是"物质的"，亦可以说是"自然的"或"经济"的传媒。一切衣食住行，多隶属于物质方面者，皆归于此类。传媒本是依靠介质传递，介质不能脱离物质大圈子大规模，传媒不能不依赖物质支持，此是传媒发展最先必经的一个阶段，我们可称之为传媒文化第一阶梯。没有此一阶层，将不能有此下各阶层。

然而传媒是多方面相互融合的一个全体，所以物质的文化中，早已有很大的精神成分。若使创作者没有欲望，没有智慧，没有趣味爱好，没有内心精神方面的工作活动参加，也将不会有传媒之一切物质创造与活动。因此，换而言之，传媒文化的第一阶梯只能说是较多依赖物质部分，而实非纯物质的。只可以说是较接近于笼统的自然表达，而非一种纯自然的表现。只要我们称之为"传媒"的，便已归属到"物质的传媒"与"精神的传媒"两方面，绝不再是纯自然、纯物质、不加修饰的。人之于义形，有是持养者，有是修饰者。即就传媒所常表达的自然界而言，如山川、田野、草木、禽兽、风景气象，试问洪荒的自然界，何尝便如此？这里面已经有几十万年人类精神之不断灌注，不断经营，不断改造，不断要求而始形成。此刻环绕我们之所谓自然，早已是人文化了的自然，而非未经人文洗练之前之原始自然。一切传媒的"物世界"里，早已有人类的"心世界"之融入。故所谓物质的传媒，只就全部传媒文化中之比较偏近于物质方面者而言，而无所谓纯物质的传媒文化。

　　其次是"社会"的传媒，或称"政治"的传媒，"集团"的传媒。这是第二阶梯的传媒，我们称之为传媒文化的第二阶梯。在第一阶梯里，传媒只面对着物世界，一切传媒都从对物的关系而发生、而存在。在第二阶梯里，传媒面对着人，即人生大群，这时的传媒，主要在添进了许多"人与人"之间的关系。传媒的发展，不先经历第一阶梯，将无法有第二阶梯。但传媒发展经历了某一时期之相当演进，必然会从第一阶梯进入第二阶梯，乃始得为真正的传媒。第一阶梯只是传媒在物世界里求进步，亦可谓之一预备阶段。待其进入第二阶梯，才开始在人世界里过生活。凡属反映社会大群的，全属于此一阶梯。

　　最后才到达传媒文化的第三阶梯，我们可称之为"精神的"传媒，或者说是"心灵的"传媒。此一阶梯的传媒，全属于观念的、理性的、趣味的，如传播道德、艺术、宗教、文学等皆是。对感性世界认识的不完整，会造成自然的不完整，对理性世界认识的不完整会造成心灵的不完整，我们只有通过先填补理性的不完整，去推动理性转化感性，才能做到两者都完整。所以，这是一种无形累计的传媒，这是一种历史性的、超时代性的传媒。只有这一种传媒所产出的产物，最可长期保留，长期存在。无论中国还是西方，上推一千年以前的一切物质生活，一切政治组织、社会法律、风俗习惯，到了今天几乎是全归消失，不存在了。在当时第一阶梯、第二阶梯的传媒，到今亦是全部变质了，但那些时代的传媒所遗传下来的经史子集、戏剧戏曲、歌剧舞剧，对现实人生所提示的理想与信仰，观念与教训，就其属于内心精神方面者，却依然存在，而且将千古常新。这是属于心世界的，是一种看不见、摸不到，只可用你的心灵来感触的世界，来直接体认的传媒文化。

传媒必须面对这三个世界。第一阶梯里的传媒，面对的是"物世界"；第二阶梯里的传媒，面对的是"人世界"；须到第三阶梯里的传媒，才开始面对着"心世界"。面对物世界的，我们称之为"物质传媒"；面对人世界的，我们称之为"社会传媒"；面对心世界的，我们称之为"精神传媒"。我们把传媒全体划分为此三大类，而又恰恰配合上传媒文化演进的三段落、三时期，因此我们说传媒文化有上述三阶梯。

（二）

此三阶梯，从传媒的个别经验来看，也甚符合一个刚进校门的传媒专业学生，那时他见着摄影机、调音台、编辑机弄不明白，骤觉周围一切设备十分陌生。想录音、照相、化妆、照明，都无从下手。那时他所面对的，完全是物世界。稍后慢慢懂得了各种设备的运行原理，懂得了这些设备都是为着传递周围的人情世故，这才逐步踏进了人世界。更后渐渐受了教育，从上接受到人类文化无形累积的种种教训。换言之，他才开始懂得了种种人生心理。自己的、别人的，大至民族的共有观念，远至几百千年来的历史传统，包括文学、艺术、宗教、道德种种智识，这才闯进了传媒的心世界。传媒文化的三阶梯，循序前进，个人如此，总体亦是如此，并无大分别。

上述传媒三阶梯，每一阶梯，都各有其独特自有之意义与价值；每一阶梯，都各有其本身所求完成之任务与目的。而且必由第一阶梯，才始孕育出第二阶梯；亦必由第二阶梯，才始孕育出第三阶梯。第二阶梯必建立于第一阶梯之上，但已超越了第一阶梯，而同时仍必包含有第一阶梯。第三阶梯之于第二阶梯亦然。

现在再简单率言之，第一阶梯之特有目的，在求生存，即求各个传媒个体之存在。第二阶梯之特有目的，在求安乐，即求传媒对大群体存在之贡献。个体存在了，并不一定能为大群提供贡献，而为大群提供贡献，则必先求存在。于存在中孕育出安乐，安乐已超越存在，而同时又包含着存在。第三阶梯在求传媒文化之崇高，实即求人生大群之崇高。安乐不一定即是崇高，惟崇高即是超越了安乐，但必由安乐中孕育而来；亦必包含有安乐，乃始见其为崇高之真意义与真价值。

（三）

物质的传媒，即在求存在。似人之食求饱，衣求暖。暖饱的最高目的是生存，暖饱只是达到此目的之手段。在科技如此发达的今日，任一形式的传媒都随时有被淘汰更替的可能。但一进入社会的传媒，则意义又别。孟子云："食色，性也。饮食男女，人之大欲存焉。"此即类比第一阶段的传媒而言。饮食只求自己生命之存在。男女之欲，则牵涉到人的本身外面去，但仍在求自己生命之延续。在大群社会生活之中，雌雄相遇，其视对方，即如一"我"，与我为偶，即一我之易地易体而存在。求能达此深意，此即中国儒家孔子之所谓"仁"。中国此一"仁"字，即人生虽分别异体，但实仍当联合成一搭档，此即后儒郑玄之所谓"相人偶"。可见人心与人相偶，乃始得为一真人。传媒所当阐发之人生大义乃如此。社会的传媒即是凭借一介质来满足人与人之间自然生存要求而止。

但传媒文化的演进亦不能老停留在一男一女，一雌一雄的阶段上，于是由此演化出的各种表现形式、运行机制的传媒便开始由男女之大欲，转递为一夫一妇，产生了传媒发展中的各种理论制度。此一转进，便踏上了传媒文化的第二阶梯。试问若仅求自己生命延绵，雌雄男女，相为结合，早够了，何必在生命延绵之一目的之上，再来一个一夫一妇的婚姻制度呢？可见传媒的第二阶层，已不专在求简单的存在与负载，而必在此一目的之外，另增了新要求，另添了新意义。传媒文化若仅有男女之欲，则心终不安乐，必在此男女之别上，成为夫妇，此心始安始乐。男女的相互配合，只是满足我自己的性欲，即生命绵延欲之一工具，对方则一如一物。成为夫妇，关系便不同了。相互把对方当作自己般同样看待。我是一个人，对方同样是一个人；我是一个我，对方同样是一个我，把"我"的存在扩大融透进对方的我的存在。满足了自己，同样希望满足对方，非如此则吾心不安不乐。比如此传媒才始由男女进化到夫妇。而因此传媒文化便进入到了第二阶层。那时传媒所面对的已不尽是物世界，而已是人世界。

其实传媒文化的不同阶梯，正是由男与女、"我"与人，通过不同形式的媒介层层递进。传媒文化的三阶梯，正应着人类生活的三阶层。人世界之发现，即是我的世界之扩大。这虽是最简单的一种人际传播，但传媒文化到此人生境界，才始懂得不仅要求自我之"存在与绵延"，亦且还求其能"扩大与安乐"。而自己之扩大与安乐，则有待于传媒两端安乐之共鸣。

试举一例，西方有鲁滨逊漂流荒岛之事，人人皆知。人常说，鲁滨逊身在孤岛之上，生活何等不方便、不舒服，因此人类生活不应脱离社会大群。这一说法，似乎把第二阶梯的人生，转化成第一阶梯之手段。试问若使将来科学昌明，把鲁滨逊依旧安置在荒岛之上，供给他种种科学设备，无衣食之忧，一切物质生活，绝不使他有困难，那鲁滨逊是否即满足呢？是否他将感得己安己乐，可不要再回入社会人群呢？可见第二阶梯的人生，并非即是第一阶梯之一种手段，而实另有其本身较之第一阶梯更高更深的目标与理想。

传媒不仅要求事物之记录与承载，而且要求在此记录与承载中，得有一种安乐的心情。心情安乐是人世界中事，亦必在人世界中求。若传媒根本无承载之物，自无安乐可言。故安乐必建筑于承载物之上，又必包含有承载物存在在内。但安乐之本身意义，则实已超越于存在之上之外。今之所求，乃既存在，又安乐。只有第二阶梯可以包含第一阶梯，承载安乐，当然必存在。而第一阶梯则包含不到第二阶梯，因媒介存在，不一定就安乐。因此第二阶梯可以决定第一阶梯，而第一阶梯则断不能决定第二阶梯。此仍如一夫一妇，包含有一男一女，亦决定是一男一女。但一男一女包括不到一夫一妇。因一男一女不一定便是一夫一妇。夫妇建筑在男女基础上，但已超越了男女基础，而仍包含

160

有男女基础。这是传媒文化阶梯演进之大体轨迹。

（四）

　　物质世界的传媒是最原始的传媒，而人世界的传媒，即社会的传媒，已经进入了文化的范畴。但社会的传媒，还只是人与人的媒介，而并未进到"心与心"的媒介方面去。必须在此一男一女，一夫一妇沟通之间，更加进一番相互间纯洁高贵的心情之爱，而是形成为一对更理想的配合，那才是文学的、道德的、艺术的，这才又踏进了传媒第三阶梯，即精神的传媒。

　　上面已经屡屡说过，传媒本是融凝一体不可分割的。即如一男一女异性相逐的时候，早已有爱的传递。但这种感情是简单的。夫妇结合，此种爱始又进了一级。但夫妇归还只是夫妇，不一定具有圆满崇高的爱，不一定相当于文学的、艺术的、道德的理想所标指、所追求。传媒文化，必然要演进到第三阶梯，才始有文学、有艺术、有道德，才始有更崇高的理想可言。此刻我们所希望者，乃在要有文学的夫妇、艺术的夫妇、道德的夫妇，比较我们仅要社会的、法律的夫妇更进了一层。没有第一第二阶梯，自然不可能有第三阶梯。但第三阶梯虽在第一第二阶梯中孕育，却已超越了第一第二阶梯，但仍包含有第一第二阶梯之存在，而并不消失。

　　第一阶梯的传媒在求记录、求生存、求承载，第二阶层在求安乐，第三阶层则在求崇高。崇高已超越了安乐，但仍包涵有安乐。第三阶梯的传媒在求既安乐而又崇高之存在。它所面对的，已不仅是当面赎体的物世界与人世界，而且更高更深更广大，上下古今，深入到人类内心所共有的一些祈望与要求上。文学、艺术、宗教、道德，都从此种人类内心要求上植根发芽，开花结实。

　　孔子只是一个先觉者，他是以先觉觉后觉。我们若要接受孔子教训，仍赖我们各自内心之自觉。孔子的栖栖遑遑，知其不可为而为之的一番传道救世精神；耶稣钉死在十字架上的一番牺牲博爱精神，他们所面对的，已不尽于当前的那一个社会与人群，而已面对着从有人类，上下千古，一种人心内在更深更大的共同要求。他们亦感得非如此则我心终不安不乐。然而他们所求实已更高出于普通心情之安乐之上，然亦绝不是不安不乐。

此不乐不安，不算得是崇高；而崇高不尽于安乐，亦正如安乐不尽于存在。安乐中含有存在，崇高中含有安乐；传媒文化阶梯一步一步提高，人生之意义与价值一步步向上。下一阶梯的目的，只成为上一阶梯之手段。只有目的能决定手段，不能由手段决定目的，因此有存在不一定有安乐，有安乐不一定有崇高，只有崇高的必然安乐，必然存在。

固然，没有承载、存在，哪有安乐、崇高可言？然而这只是一种反面消极的限制，而并非正面积极性的决定。没有第一阶梯，不可能有第二第三阶梯，此是第一阶梯的消极限制的作用，亦即是其消极性的意义与价值之所在。但有了第一阶梯，不一定必然有第二第三阶梯。但有了第二阶梯，则必然融摄有第一阶梯。这才是正面的积极性的决定。这是传媒文化三阶梯层进层高，逐次扩大融摄的一条通律，亦可用作衡量批评一切传媒文化意义与价值之基本标准。

（五）

说到此，让我节外生枝，附加上一些申辩。传媒文化的三阶梯，大而光之，其实可以融通到诸多文化之中。这其实也正是传媒作为一种媒介的特性。西方哲学有三大端：一主唯心，一主唯物，一主调和心物。调和心物说主意志，近于唯心。唯心者，如德国哲学家黑格尔，举出"正、反、合"逐步前进的辩证法，来提供作一切文化演进之通律。这其中自然也包括了传媒文化之演进。他认为由正生反，再由反成合。例如甲正，非甲是反，乙是合。这所谓"对立的统一"之一种"矛盾发展"过程，其实则只是一种语言文字上的把戏。如上文所举，一男一女不是正，一夫一妇不是反，男女与夫妇也并不是对立。倘使我们承认传媒文化确然从最简单的人人交际，发展出一男一女、一夫一妇，则试问黑格尔正反合、对立统一、矛盾进展的历史辩证法在传媒文化中将如何安放？

或有人说，男女是对立的，夫妇是统一的。但男女对立，只是一种相异的对立，最多也只可说是一种相反的对立，却不该说它是一种矛盾的对立。矛无不破，盾无不拒。有了无不破之矛，便不能再有无不拒之盾；有了无不拒之盾，便不能再有无不破之矛。此始谓之矛盾。现在是因为有了男，才是有女的意义与价值；因为有了女，才是有男的意义与价值，传媒递进的前提就在叩其两端。雌雄男女，同时并立，正反相成，绝非矛盾不两存。而且夫妇之出现，并不能说战胜克服了男女之对立；夫妇之成立，也并不要否定，亦不可能否定其男女之对立。我们只可说，夫妇关系中仍包含有男女对立，而已超越了此男女对立，而另有更高更广的统一和谐的新意义发现。

黑格尔的历史哲学，唯其强调了矛盾性与否定性，故其落于传媒文化之发展，是极富于挑战精神的，而且必然是一种抗争精神。然而传媒文化之演进，融合摄合，比抗争更重要。在传媒文化第一阶梯，人类面对物世界，便融摄物世界来完成我之生命存在；在传媒文化第二阶梯，人类面对人世界，便融摄人世界来完成我之生命安乐；在传媒文化第三阶梯，人类面对心世界，便再融摄心世界，来完成我之生命崇高。在此融摄努力中，表面上不免带有一种抗争性的成分，但抗争性绝不是主要的，更不是唯一的。黑格尔辩证法的所谓抗争最高精神，在否定对方来建立自己，也可说是在否定自己来建立客观之总体。但无论如何，否定绝不是传媒文化之终极发展。而黑格尔历史哲学中理想之终极发展，则在于精神战胜了物质，而物质存在又到底不可否定。传媒文化的精神如此说来即建立在物质存在的基础上，精神可以超越物质存在，而仍必涵盖有物质存在，则黑格尔所理想的人类历史之终极发展，到底将落空，或成为正相反对的发展。

倡唯物思想的毕希纳（Büchner）即窥破此弱点，把黑格尔"历史辩证法"一反转，便成为其《力与质论》（kraft und stoff）。但不知经济的人生，只尚在文化第一阶梯中。此下第二、第三阶梯，固然必须建立在第一阶梯之上，固然必须包含有第一阶梯之存在，但确已超越了第一阶梯。固然仍将为第一阶梯所限制，但亦绝非为第一阶梯所决定。我们只能说由第一阶梯来孕育出第二、第三阶梯，但第一阶梯并不能决定第二、第三阶梯之可能进展。由男女可以发展成夫妇，但男女关系不能决定了夫妇关系。由存在可以孕育出安乐与崇高，但存在并不能决定安乐崇高之趋势与内容。而且毕希纳（Büchner）、摩莱肖特（Moleschott）、罗伯特·迈尔（Robert Meyer）等辈亦然遵循着黑格尔"否定在否定"的老路。不知人类一切文化演进，主要不在矛盾之中，也不在否定之中。于是人类文化演进，全成手段，始终没有超越出第一阶梯之消极意义与生存目的。

如前所述，由自然世界孕育出人文世界，但人文世界确已超越了自然世界，然并不能否定自然世界之存在。由男女异性孕育出夫妇关系，夫妇关系确超越了男女异性，但亦并不能否定男女异性之存在。人文演进中，被孕育者，转成为能超越者。而被超越者，则成为被包含者。融摄已有之"旧"，来创生未有之"新"。被融摄的不能决定能创生的，而能创生的也不能否定被融摄的。黑格尔曾说："要明白某一哲学家的哲学思想，该从哲学史上来求解释。"经之有解，所以通经；经既通，自无事于解。借经以通乎理耳，理得则无俟乎经。这即是"人在文化中生活"的同一意义。当知哲学思想亦循着哲学史之道路而前进。黑格尔思想的最高期求，只是沿着西方中古时期上帝存在的旧观念而稍稍加以变形，于是上帝便成为一个纯粹思想之存在，宇宙史之进展变成为一种纯思想的进展，即有黑格尔的绝对"唯心论"。毕希纳则再把黑格尔的绝对唯心一反转，变成"唯物的"，故重视工具与方法。

当知唯物与唯心，亦只遵循着西方中古时期以下的一条思想史的旧有路线而摸索向前，并不凡是西方人所说，即成为天经地义。无论是黑格尔，或是毕希纳，他们都在想摆脱西方原有的上帝创世、最后末日的一番思想老格套。但他们既看轻了决定一切的上帝，便在无意中不免要看重物质与自然。不仅毕希纳的唯物观太看重了物质与自然，即就黑格尔论，他竭力要将人类精神逐步战胜物质而前进，正是证明在其内心上无形中早已太看重了这物质界。至于中国思想，则向来没有此种"精神"与"物质"双方严肃的对立观念，因此也不至于陷入心物两难的困境。

我们再进一步言之，传媒文化三阶梯，不仅其各自之目的不同，其所以完成此目的之方法特性亦不同。当其在第一阶梯，面对着物世界的时候，免不得要提高"对抗性";待到第二阶梯,转眼对向人圈子本身内部的时候,即面对人世界的时候,则对抗性必然要冲淡,而"组织性"即代之而起;待到第三阶梯,人类文化面对向心世界,那时则"融合性"又将代替组织性,而占到最重要的地位。

若传媒文化止于第一阶梯,自将只见有对抗,不见有组织;若传媒文化止于第二阶梯,亦将只见有组织,不见有融合。第一阶梯的文化特性是"外倾的",向外斗争的;第二阶梯则是"内倾的",向内团结的。但传媒文化到达第三阶梯,那时则是"内外一体""物我交融"的,古今时间性的阻隔融合了,自然界与人文界的壁障也同样融合了。那时将不见有斗争,也不见有组织。斗争与组织都将占不到重要的地位。抗争和组织都将改变它们原有的面貌,而融合在心世界致全体凝合中。

单就组织而论,组织仅止于政治性、社会性,而第三阶梯传媒文化之主要精神则属宗教性、道德性、文学性与艺术性。传媒进入了心世界,你心我心,心心相印,一片融通,大群人生全将融化在此一更大更深的心世界里。那自然既不是抗争,亦不是组织,而是一全体融和。此一传媒文化境界,在中国目前仅可说有了一些端倪、一些征兆,距离圆满到达之阶程尚远。

(六)

归入正题,传媒文化的三阶梯亦如人类文化的三阶梯。第一阶梯是"小我传媒",只求把外面物质来保全自己生命之存在与延续,叙说小我私情。第二阶梯是"大群传媒",这一阶梯的目的,已在各得保全叙述小我之情基础上,要求人人相互间的安乐,传递一种集体共情。第三阶梯是"历史传媒",此一阶梯之目的,在求把握人类内心更深更大的共同要求,使你心我心,千万年前的心,与千万年后的心,心心相印,融成一片。不仅有集体的广大性,而且有历史的悠久性,这是一种更崇高的内心安乐。在这一阶梯里,虽都向往着将人类大群化成一体,但西方人着重在人与人之间的文化传播,而中国人追求的是心与心之间的大道之行(图1)。

上述的传媒文化各阶梯，各有其独自之目的与向往。低阶级目的完成，转化为高阶级目的之手段。而高阶级目的之向往，并不毁损低阶级目的之存在。目的便是传媒文化特征，亦是人文特征。自然界有演化而无目的，必到人文界始见有目的。传媒文化演进，正在人生目的之逐步提高。必待到达第三阶梯之目的完成，才始是传媒文化之完成。

使人类大群化成一体 { 各种物质文明将人与人之间连接——文化传播
心与心之间的感通——大道之行。

图1

167

新旧文化之更替

（一）

文化之更替有两种，一曰自身腐化溃败，一曰新旧文化交替。文化自身腐化溃败者，为文化发展到一种极致的自我更新；新旧文化交替者，为旧文化旧传统压制了新兴力量之成长，两者冲突矛盾后产生了新文化。

一个时代有一个时代的主流思想，随着时代不同，文化的内容自然也会产生更替。现代文化之进步实有仗于自然科学不断组织系统印证前人猜想。在文化领域，一种新文化的诞生，往往对应着一种旧文化的衰落。如当下正在进行的传统媒体与新媒体之间的更替，亦是新兴科技印证了前人对此一领域的猜想。所以，文化之间的新旧更替的规律也就决定文化的前路。

根据历史，确然有许多民族的文化，好像是毁灭了，死亡了。在第一次世界大战前后，德国哲学家斯宾格勒著写了《西方的没落》一书，发挥了他对人类文化之"悲观论"，认为人类文化也如个人生命般，不可逃避生老死灭之自然顺序。但这里有一个客观的历史事实，即中国文化确已延绵了四千年，直到今天，依然还存在，这显然与斯宾格勒的论调正相反。

古今人内在沟通相同的是性，差异在于外在之术。中国与世界文化的交流始于唐代，但其时只有佛教东来，两者并属东方文化。隋唐以迄明朝，虽不断与阿拉伯、波斯诸国接触，但却是物质交换大于文化交流。直至近世，随着鸦片战争、第二次世界大战，中西文化才被迫有了真正的交融。在信息高速传递的当下，中西文化之更替其实与历史之文化思潮走向息息相关。每个国家自身文化之演进大多属于第一种文化更替，而不同国家文化之间的沟通交流，即属第二种文化更替。而这两种更替在全球化背景下经常夹杂，自身演进亦有新旧交替。

　　中国与西方的文化演进路线各有曲折，就西方文化自身演进而言，其思潮大体有三。一者倡自两千年前，希腊爱利亚学派（the Eleatic School）之帕巴汀尼德（Parmenides），其道感觉为虚妄，至柏拉图倡Idea之说，谓真如非的感觉所起，集希腊理学之大成，其徒亚里士多德《形而上篇》（Tá Metá Tà Ovocka）已知求万物本源应超脱形质，皆为唯心派百世学者宗师；二者希腊泰勒斯（Thales）中夏五行说，其说类管子，言水者万物之本原，此为唯物派始祖；三者为调和心物派，其说有三：一为主气派（Monism of substance），二为主理派（Monisim of belonging），三为意志说（Willens theorie）。此三者为西方文化自身之更替埋下了深厚伏笔。

　　唯物论一期恩培多克勒（Empedocles）之爱恶说，斯多亚（stoa）之知识论，拉美特利（Lamettrie）之《人机论》（L`honime machine），德谟克利特倡原子（Atom）之说，为唯物论之极。其中纵有言意识者，然其谓物质不仅四行，其数无量，类亦无量，不生不灭，不增不减，亦唯物以攻宗教，益倡唯物论。唯物论二期以摩莱肖特（Moleschott）之《人生循环论》（Der kreislaaf dcslebens），毕希纳（Büchner）之《力与质论》（kraft und stoff），罗伯特·迈尔（Robert Meyer）之能量守恒定律（The law of the r conservation of Enengy），至言世界始出于星云（Nebula），世之生机渐起，细胞渐有囊（sac）核（Nuclear）。故曰其始无人类，即无精神，精神独立不倚之说不通。

　　至康德、费希特、谢灵格、黑格尔出，而唯物论大衰，遂进入唯心论。唯心论复兴，莱布尼茨（Leibnite）为其巨子；笛卡尔以意识为理证准则，谓构成之单极（Mond）亦可名之无极，乃精神之本而非物质；英国贝克莱

（Berkeley）创批评唯心论（Critical Idealisa），道万物万化生于心，心为世界，晚有冯特（Wundt），倡众生心之说，为世所称；洛采（Lotze），以心为物为，绝对之二象，而绝对又突为精神；费希特（Fechner）道原子，斯近唯物论戾、那其说原子之组织为由精神，又谓世界有灵魂，与叔本华道意志（Wille），佛罗夏默（Froschaminer）道想象，并谓属唯心派；德意志之倭铿，倡内道之说，以人当以此求人生之真，此真性命实至高至圣者；乔西亚·罗伊斯（Josiah Royce）谓世界本原为精神，且无穷至圣。二说皆甚类宗教，洵唯心论之极致。

进入近代，唯心唯物两说皆不能圆满，故发展出调和心物论，终生意志说。其论倡自希腊之耶理亚学派，斯宾诺莎发扬而光大，力倡神形归一心物无二，所著《伦理学》，以唯物论始，以唯心论终。中古奥古斯丁曰意志之外无复他物；法兰西帕斯卡（Blaise Pascal）谓意志为神明之主；恩格尔以闳肆之才，发微妙之论，斯派之势益盛；冯特以意志为一切精神之主，人格之中坚；其徒居而自卑和之，谓意志为我（Ego）与非我（Non-ego）所由分，主客观所自起，而精神之本原也；海克尔著《世界之谜》，道万事万物皆电一气所生，斯气变化万端，自见能力，为此派集大成者。进化说兴，斯派益振，阿芬那留斯（Avenarius）以脑髓为其学基础为System；马赫（Mach）则倾属唯心者，二者舍弃臆说，以攻我执，欲以此息唯心唯物之争。叔本华曰意志为万物本原，心物二物之所以出，实世界之本原，非仅人类智灵之根本。

西方文化之发展自始至终即在这三者范围内轮转。在西方文化的系统下，三者看似互相对立，但实则仍是在一个大方向上前进。欧洲近代真正的历史文化在以北方族入侵，罗马帝国崩溃开始。此即耶稣宗教开始时期。至文艺复兴，希腊、罗马思潮反作用于宗教由灵返肉，进入现代历史。从15世纪末到1914年第一次世界大战前的四百年间，全世界的历史大体上以一部欧洲史为主脑。西班牙、葡萄牙、荷兰、英国、法国、俄国直至最后登峰造极的德国，西方文化随着战事的辗转，虽不停地绕着大弯逐步前进，但转入的还是同一方向。马克思从学于西方教育体系，《资本论》成于伦敦。共产思想由法国传到俄国，为资本主义一种反动，故资本主义与共产主义是西方文化硬币之两面，俄国文化也是西方文化体系中之一种。故无论西方文化思潮如何变化，其大方向都是自我涅槃，显属于文化更新之第一种。

至第二次世界大战，邱罗会谈而成立《大西洋宪章》，遥为威尔逊《十四条宣言》之嗣向。日本趁1914年欧洲一战之后，传统殖民地经营势力之落潮，而想与君代兴。其殖民政策，只是欧洲传统之一延伸。则战事中心不仅在欧洲，而显见是世界性的。辛亥革命后，孙中山先生之三民主义领导着中国民族为自由解放而奋斗。三民主义首为民族主义。自孙中山先生之"五权宪法"言之，其中有考试权。中国传统政治之先后进退，乃在五权宪法中之考试，而不由西方式之民众选举。西方民族主义中选举权，则不仅被选举人当选经考试，即选举人亦先经考试，此又与西方政党实情大相径庭。这一势力，在四百年欧洲中心论中开辟出了一个新趋向。随着各国政治体制的变化，内部的新政体与外部的新国际，交织而成世界之新文化，为世界另创一个新时代。此种交织即为文化更替之第二种类型。

从表面上看，西方文化是多元的百衲刺绣，而中国文化则一本的一树繁花。大体而论，中国文化传统栽培之人物，主要在学术性，非时代性，而西方则正相反，可谓其看重时代性更超过了其学术性。唯其如中国，人物之学术性超过了其时代性，故能文化缘延，以达于五千年之久；唯其如西方，时代性超过了学术性，随其时代多变，而文化亦随之而变，故为百衲刺绣。时代每称潮流，中国文化延绵，乃有"传统"，而西方所谓"时代人物"，都从潮流中产生。中国之谓学术人物，则在传统中产生。故文化在西方乃见于各时代之学术思潮，在中国则学术自成传统，实非由时代所产生。就历史而言，中国文化之大体在儒释道三家。但就历史来说，儒释道三家并非中国文化的最初渊源。就源流来说，孔子以前典籍要者为《尚书》《易经》《诗经》。殷末周初，实产出春秋战国时代之文化的渊源之涵养期。《论语》中曾说："吾久不复梦见周公。"相传，周文王第四子周叔旦作礼乐立典章，被尊为儒家的千古奠基圣人。但周公在历史上传说较少，或与其为人不好奇炫异故有关。自周朝而后春秋战国，中国始出孔子、墨子，学术思想开始逐渐脱离宗教、王权，史方为史，同时的欧洲仍处于神权、王权统治学术之期。

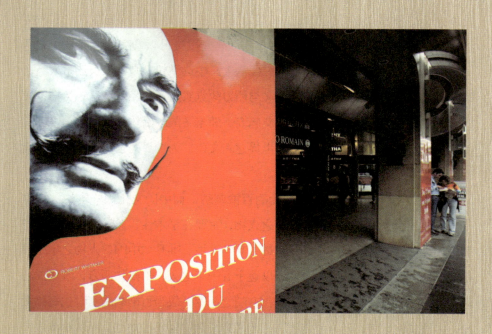

中西文化更替自此即有根本区别。若我们撇开老子的出生时间，中国及至先秦的学术大致以孔、墨开始，传至惠施、庄周，再至邹衍、公孙龙，最后传至荀子、孟子。

所以，中国文化思潮之源流其实认真划分起来也即儒、墨、道、名、法、阴阳、纵横、杂、农九家，而其主流即儒墨道三大流。儒为宗主，而资道、墨，由道衍法衍阴阳，墨衍农衍名。儒、道、墨、名各家用力点均不同，恰似墨重行而名重辨，但很多细微处却不因用力方式不同而思想有异。春秋末年，贵族阶级崩坏，士一阶层得势，庄老反而不尚贤以平息士中激进分子。道生一，一生二，二生三，三生万物，至德已无迹可循，反而道仁在心中行事，故无为。老氏之所谓道，非儒之所谓道。明道云："天下之物，无独必有对。" 一阴一阳之谓道，道何尝在一之先？而又何尝有一而后有道哉。若只生一，则是独也。易有太极，易即阴阳也。无极即是无形，太极即是有理。在无物之前而未尝不立于有物之后，以为在阴阳之外而未尝不行乎阴阳之中。穷尝谓太极不可名状，因阴阳而后见。一动一静，一昼一夜，以至于一生一死，一呼一吸，无在而非二也。因阴阳之二反求之太极，所以为阴阳者，亦不出于二也，如是则二者，道之体也。在道家，他们是要摆脱儒家的人本主义，而从宇宙万物的更为广大的立场来观察真理的，但他们也依然保留中国人天人合一的观点。而儒家思想完全以"伦理观"来融化了"世界观"，这种态度是最为明显，而他们并不以纯客观的心情上来考察宇宙。因此在中国主流思潮里，虽有许多接近西方科学精神的端倪，但到底还发展不出严格的西方科学与哲学来。

一言以蔽之，中西两面各自文化思潮从发展根源上即有不同，故在第二种文化更替上自然会产生激烈的碰撞。中国文化在近代世界开辟出的这一条新道路，自然也会成为当下乃至以后中国文化更替的基石。

纪录片产业化运营之困

源流

中西文化論談

　　当下，中国纪录片国际化、市场化的步子越迈越开。在我们谈及纪录片产业化运营之前，不妨先弄明白一个观点，什么是一种文化的产业化。

　　从中西方文化分类来讲，这两种文化大致分属两个系统。一者，从西方文化系统来讲，大致可以分出四类：宗教与政治，经济与文化。西方人的生活大致逃不出这四类。

　　这四类中的前两者形成了西方中世纪的第一股文化大潮，也就是我们所说的政教合一，这才导致了之后西方文化由灵返肉，产生了文艺复兴。

　　而经济与文化的结合，形成了当下波及我们的另一股文化热潮，也就是文化产业。在西方，文化不带来经济效益即没有市场，没有市场即没有产业，文化产业的形成大致如此。

　　而在中国，我们有自己另一套传统的文化分类方式。我们的文化系统只分三类，在传统之下分别是政统、道统、学统。政统指的政治传统，学统指的学术源流，道统是最高的，指的是我们的精神传统。"统"字，即有四方归一之意。这三统互为相通，共同筑成了中华五千年传统。

　　我们中国人常言不患寡而患不均。在传统中国社会中，人被分为了士农工商四类。这其中士居首，其余三者其后。而偏偏这一"士"，为四者中不具实际经济生产效益，却高居榜首者。我们所说的家士、国士、天下士，就是指这个"士"字。类比西方，我们很难找到一个与"士"相同意义的名词。莎士比亚的剧作是为剧院盈利而写，米开朗基罗的壁画、雕塑大多是受教堂所托而作。换言之，两者在创作之初即是一种经济与文化的结合。而中国凡是留名史册的艺术作品大多仅是个人创作，属于有感而发。创作者往往不靠自己的作品营生。唐三千宋八百，李白、杜甫的诗歌，徐霞客的游记，汤显祖的《牡丹亭》、曹雪芹的《红楼梦》，都不为金钱而作。可见，无论从大的系统，还是小我职业，中国人的传统观念中似乎并没有将文化作为一种营生手段的习惯。凡是卖文鬻字的，都不受社会所重。司马相如纵使才高八斗，《上林赋》即使辞藻华丽，但千金一文章，也让相如没法进入文化历史的主流。从这个角度看，我们就能明白，为何在全球一体化背景下，纵使各种高科技没有国界，但中国在五千年文化的惯性下，仍面临文化产业的困惑。

但是，我们也不能一概而同，认为文化在中国没有形成过产业。如果我们将纪录片视为历史长河中，随科技发展而出现的一种新文体、新表达方式，我们就会发现其实有诸多可供我们参考的先例。例如宋朝发明的印刷术。印刷术将中国文化从门第社会带入了白衣社会，将中国文化从高墙门第之中，带入了普通百姓人家。电视的作用何其相似？在近二十年中西方文化激烈碰撞的过程中，电视同样起到了和印刷术一样的沟通渠道作用，将西方文化更多、更快地带入了中国观众眼里。在印刷术发明之前，中国文化被深藏在了门第世家的孤本的竹简之上，而印刷术的发明，让文学艺术被普及到了更多百姓家中。

试举一个很小的例子。印刷术自宋朝发明，到明朝大盛。明朝时期有一本小说读物叫《西游记》，可谓人尽皆知。但是大多人不知道的是，当时与《西游记》齐名的其实还有另外三本游记，分别是《南游记》《北游记》《东游记》，与《西游记》一并合称"四游记"。其余三游记均是《西游记》成名之后的效颦之作，因为《西游记》当时卖得太好了，已经达到了洛阳纸贵的地步，大书商们看见有利可图，就自聘写手，有的还亲自上阵，开始抄袭模仿。无论这些抄袭之作有多么可笑，但是在当时，确实就形成了一条完整的写作——

印刷—出版—销售的产业链，自然地就在社会中形成了一种文化产业。

再往近代看，中国文化成功走出国门形成产业的案例也比比皆是。别的不讲，我曾经拍摄过一部纪录片，内容讲述的是，四川省川剧院的院长，一位川剧领军人物，有一次他们出国演出，到了法国的一个小镇。这个小镇的人口不足900人，表演的剧场能容纳1000人，没想到场场满座，硬是连演了21天，也就是说每天起码有100多人是由外地慕名而来。之后这个剧团接连刷新了法国巴黎大剧院等一系列演出场所的观众上座率纪录、售票纪录，更是与欧洲诸多剧院、名家导演签订了长期合作协议，让川剧真正变成了一种产业走出了国门。每一场演出结束后，外国观众起立鼓掌的时间没有低于半小时的。那种疯狂在当时就引起了我关于纪录片的很多思索：似乎古今中国鲜有一种文化的产业化如当下纪录片这般被专门当做困境加以研究。这也说明，纪录片产业化问题的困惑应该与这个时代有紧密联系。

当下我们谈到纪录片创作及产业化问题时，常会提到"国际化"的概念。无论中西方，任何一部艺术作品都需要经历创作者–营销者–受众–创作者……这样一个循环流程。一方水土养一方人，我们考虑纪录片产业化问题，一定是包含着整个流程，而且是由创作者这一节点开始，而非仅限于营销者–受众这一环节。时下流行许多大数据分析，试图通过模板创作出一些好的国际化作品。但是科学的世界与人文的世界终究有别。科学的世界习惯由逻辑推理，产生抽象定义，再经科学化产生理论；而人文的世界习惯综括概述，就具体问题，经过艺术化处理产生灵感。人文学科与自然学科不同，即在于自然学科是前人之成绩，今人可学而接受，更自此向前。但是如文学、史学、哲学以及绘画、雕刻、音乐等人文学科，不能说通晓了前人的理论，接受了前人以前的成绩，就可以再向前一步。中国人所谓格物穷理者，并不如近代西方人观念，认为穷在物理。我们所穷者，仍是北宋程颢之所谓"天理"，即是性之理，所以我们常说："性即理也。"物质的世界可以日新月异，精神世界则并不然。同样一种面食，在中国做成馒头，在西方做成面包。即是就科学而言，即使再强大的计算机也永远只能无限缩小人文地域差异所带来的误差，但却没法做到绝对相同。因为这其中包含着你我人心。对同一件事物，你我之心都有可能不

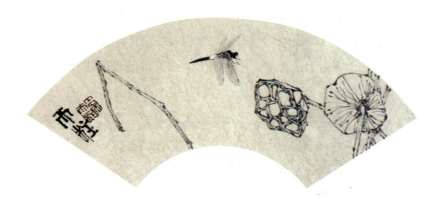

同，更何况千百世人之心呢？传媒的英文单词是"Media"，即是一种媒介，也就是一条路，路通向哪里，永远靠的是人心。所以中国的纪录片创作如果只是一味借鉴他人的模式，就模式而套内容，将永无出路。

同时，很多纪录片学者也提出了纪录片创作者应该专业化的建议，这与昔日梁任公曾提倡的"窄而深"的研究方式如出一辙。其实像纪录片创作这样的人文学科，窄了绝不能深。我们常说的中国纪录片导演不专业，指的往往是知识层面。在中国传统文化中，并不是不求专家，而是在专家之前，教人成为一个通才。以不变应万变，才能化他为我，体用无二。

据此而言，我们可以发现纪录片产业化的困境，其实更多在于我们创作者对自身本土文化的理解程度不够，或者对本土文化的自信不够。举一个例子来说，我们现在常说纪录片是要讲故事的。古希腊的《荷马史诗》、英国近代莎士比亚的悲喜剧乃至于柯南道尔的福尔摩斯，我们能想到的西方文学名著大多都包含有人生的大起大落，大悲大喜，也就是矛盾冲突与故事。而从现在西方的纪录片中，我们仍能够看见这些著作的影响，这是西方的传统。例如前段时间波士顿电影节，几乎所有得奖作品全是推理悬疑类作品。而这类作品似乎在中国文化中并不是主流。往上数的各种断案推理，传奇演义，乃至于中国的武侠小说，戏曲武戏，都不能算是中国文化的正统，但他们依附于正统，都尽量去掉了人心中刺激的一面，而追求一种平和宁静。

以唐朝王摩诘的一句诗为例："雨中山果落，灯下草虫鸣。"人们都说王维是诗佛，这一首平淡的小诗就是一个很好的例证。这首诗描写了这样一个场景：在一个下雨的山夜里，屋外树上的山果被雨水吹刷落地，而桌前的一盏油灯下，几许小虫子纷纷扰扰。这首诗没有任何故事情节，甚至只能说是一种再普通不过的场景描写，但却被后人尊为经典，引发了人们的无限向往。因为这首诗所追求的，已经不是"我"，创作者，向"你"，聆听者的讲述，而是"你"，聆听者，向"我"，创作者主动的体悟。试问，什么样的人才能在这样一种夜雨山居的情景下听见山果落地、草虫鸣叫的声音？这一个人，一定是内心十分宁静的人。当你读这首诗的时候，如果能感受到这样一种意境，就已经由单纯的聆听，变成了与作者共同体验。中国人讲不著一字尽显风流，这是中国文化几千年传承下来的高明深邃处。如果我们能认识到这一点，我们就能明白，其实我们的纪录片创作能走出一条自己的道路，引领一种新的潮流。到那时，营销者的迎合将会变成受众的追捧，一切产业化问题也将自然迎刃而解。

由越剧电视剧《孔乙己》浅谈国士兴衰

源

天下文章数浙江，浙江文章看绍兴。1919年五四前夜，中国千古未有之巨变一触即发，身处漩涡中的鲁迅在自己小说中记下了浙江山阴一个小小咸亨酒店发生的故事。咸亨，典自"易经坤爻间，咸亨上溯三千年"。鲁迅用当时自己真切的感受，记录下了中国混沌中的社会百态。八十年后，踏着同样一个方向的浪头，另一位来自江南的编剧沈正均再一次拾起了笔，以一个解读者的身份，用戏曲电视剧《孔乙己》，让我们回过头来审视中国文化经历的百年磨难。

乙己乎？逸举也。孔乙己的故事在中国广为流传，却首闻其名为孔逸举。"上大人，孔乙己。化三千，七十士。尔小生，人九子。" 孔乙己身上浓缩着中国传统士大夫的种种身影，飘飘逸而高中举人，不仅是孔乙己个人的梦想，更是天下寒窗学子共同的理想。戏中，孔逸举开篇即为咸亨酒店上联"斟北斗，邀明月，醉意朦胧知酒醇"，下联"题南山，酬清风，诗情飘逸见神韵"。中国文人的洒脱睿智，在此一现无遗，端是一个怀揣诗礼书意的孔门后代。尊飨孔家庙堂之上者为孔逸举，侃侃咸亨酒店门下者为孔乙己。纵是因身无长物，赊账买酒，也毫不减其才气半分。

全戏跳出了对孔乙己所代表的传统士大夫的全盘戏谑，而是进行了部分肯定。若是一直生活在这样的环境中，孔逸举或许真能成为孔举人。全剧开头，三位文人墨客分别赠酒店以三副对联。若留心观察即可发现，最不引人注意的第二副对联其实为全戏的一个伏笔。"或与维新世风变，亨通财源酒味浓"。沉醉于世外桃源美醇中的孔门之后怎么也不会想到，自己一生的理想抱负会在一瞬间被打碎。五四变革时期，孔乙己空负一身才情，却因新文化与中国传统文化评判标准不同而身陷囹圄，整出戏的核心，也围绕着这个囹圄而展开。

君子之道费而隐，从孔逸举身上，我们见出当时羸弱中国文人面对困境的真品性：感伤时势虽非其所愿，但即使孑然一身，也要相助弱小。全戏同一女主角前后分饰三个角色：乞女、夏喻、女旦。这三个角色的命运其实和中国的命运一脉贯之。乞女的困境中国千百年均有。面对着被人欺凌的弱小者，作为士大夫，孔乙己理应倾囊相助。这是中国传统意义上的善与恶之间的较量。但夏喻的出现，超出了孔逸举心中对文人士大夫爱国行为的定义。这条线索没有将孔逸举带出迷茫，而是最终将他带入了象征着传统文化的女旦身上，并且越陷越深：孔孟之大道，用财可救人，施以小计可救人，但谁能真正救孔孟之道？

《大戴礼记·曾子大孝》曰："夫孝者，天下之大经也。夫孝，置之而塞于天地，衡之而衡于四海，施诸后世，而无朝夕。"故孝也者，达道之途也。中国古代有立德立功立言为三不朽之说，故传统——并非因循守旧，而是如孔逸举般，通过先祖孔圣即定下来的生活习惯来领悟先人的智慧。简单地来说，传统就是传人以道统、学统、政统。中国教育若脱离了传统文化，仅于一途一径中让人探寻人生理想，只是于一局部用力，执偏而不以概全，举一而不能反三，失去了人文社会的全体性，最终只能落于盲无目的地向前的道路。郑洞天导演和沈正均先生在剧中并没有明确揭示中国文化的前途，而是将传统的东西通通展示给了观众。让人自己从三统入手，脱离开孔乙己本身来观察从咸亨到今日中国社会的东学西渐。

从整部电视剧的创作来讲，孔乙己只是一个引子，引出的并不是世俗百态的悲欢离合，而是对我们自身文化最深刻的反思。这个反思不仅属于鲁迅、沈正均，也属于所有观众。只有撇开对孔乙己的惯性思维，我们才能成为一个真正的旁观者来理解孔逸举的故事，也才能真正走出孔乙己的时代。当知中国文化之特别伟大处，并不在推翻了旧的，再来一套新的。以前的新的，不仅不需推翻，而且也不能推翻。中国正因为有周朝的一合，故能有华夏文明两千多年间的分分合合，却始终抱有一合的念头。这是一个国家的立国之本。西方千年来产生过以不同地域为核心的君主帝国，但未曾真正有过理想上的统一。唯一从天主教脱胎而来的，有着超地域、超国界"天下一家"思想的基督教，也因无一合的立国之本，而只能在政治上生出"百家争鸣"式的君主立宪乃至三权分立，不似中国人这般千年围绕着同一道统所做的民主。政统、道统、学统、血统，中国人讲一个统字，即有四方归一，万物向心的感觉。维系着千年一统的，正是如孔逸举般的士大夫阶层。于一个人而言，时间的绵延形成生命。于国而言，时间的绵延形成文化，故文化一定不只是一个时间段的平面，而是历史的立体面，要谈文化，不说历史是不可能的。欲厘清近代中国衰落的真因，我们就应从没落的士人孔乙己出发，回溯千年间士一阶层的变化。

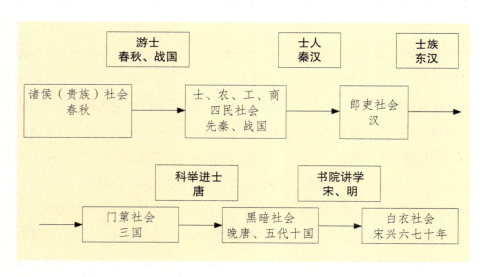

图1

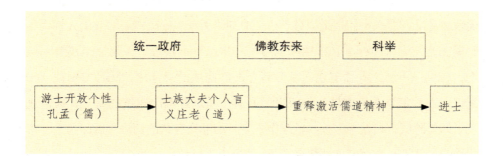

图2

概于图1、图2，中国一统的时间应再向前推至西周。只不过那时是封建的统一，秦代是郡县的统一。若说中国有阶级更替，春秋至战国即是一例。由战国诸子百家而出游士一阶层。其称公、侯、伯、子、男之意，欲为一精神上之贵族，于此凭借社会力量，不怒而威，和平完成了物质贵族之于精神贵族的转变。国家的中流砥柱由贵族而向游士变化，但却并未发生平民贵族之间剧烈斗争。游士群体即为士大夫阶层的雏形，此一层之兴起乃出于春秋战国富农家之俊秀子弟与贵族中之疏亲远戚。秦以贵族为天子，以平民为游士为大臣，汉以平民为天子，封刘姓为侯，欲恢复封建，所以制胜汉制。孔子被尊为圣人，正因自其以后，中国正式进入了士人政府。在上为士大夫，在下为士君子，劳力者食人，劳心者食于人。此士一族在士农工商中属唯一不考虑私人经济，而心系于政治、学统者。

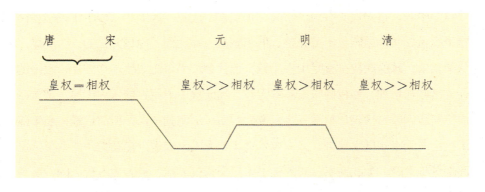

图3

自秦汉尊儒以后，士人始于孔子而尊于国内，而自汉光武之后，士人组建政府有功，严兴不仕则又位尊于帝。中国千百年皇室政府不奉政治人物为尽善尽美之无尚人生标准，唯中国人有另一更高标准境界，于仕之上还有一层士，皆仰一不仕之孔孟老庄。从政者亦群向此境而崇拜之，此乃中国社会士文化最有价值、意义之处。秦汉以后，游士阶层逐渐因道统的统一，最终进入了郎吏阶层，只在一个大的框架中求变，而非有各自的门派。儒即是士，士即是儒，从汉武废百家，尊儒家开始，儒士即合而为一。为官与为百姓的责任都在于做一个人，只是两者职责不相同而已。若为良士，必已达为仕之标准。政、学二统一体，行学之时即是政治实践之时。秦汉打破了封建之实，可封建之余味要数三公九卿演变至唐代九寺、六部、二十四司才尽去。从此君权与相权才真正分立，各自独自承担皇室与政府的职责（图3）。继而唐代科举开放了政权。孔子讲学为一在贵族中开放政权之途，科举又为一以门第中开放政权之途，使得社会人人皆可受教。政府于考试制度一项，在公正，而不在义理。公正于政，义理自该于民。因为民所接受的教育全从科举而来，所以科举若轻浮，人必轻浮。经文入股，而失教育"士先器识，而后才艺"之本意。晚唐时期人生治学稍松，诗词歌赋技巧便进。五代十国的黑暗社会正因晚唐的文质不等而生。好在佛教东来，重新激发了儒道精神，纵使科举进士有所不正，社会中未致仕之士一层，仍能与以道德相抗法治，形成稳定。中国文化的宗教性较弱，但覆盖面却更广。国人常因看一只瓷器或观一幅国画，得到一种超然于美感之上的精神享受。由唐以后，贵族、宗教的艺术逐渐化为平民艺术。继之宋代理学中兴，自安定、泰山至希文、永叔，于茂叔、康节、二程手中进一步阐释了孔孟后学。虽国土不曾完整，但宋朝文人却达到了中华文化的一个高峰。从秦至宋，政府政权一直是中央集权，但社会公平、透明化却在增加，政治的开放度亦在增加，专权到宋前基本无有。而元代由于蒙古族入主中原，部族统治逐渐压倒政府代表，皇权一步步变大。虽经历明朝一代，但清代进一步革除了社会民间士一层之精神，只有技术进步，无国家前进内在动力，导致了国家面临危难之时，如孔逸举一般的读书人只会诗词歌赋，走入如五代十国一般的黑暗社会，文化的作用在外力强权之下显得微不足道。

由此可见，中国历史政治与西方不同一点，即中国历史有一大半是由如孔逸举一般的士阶层所统治，而此一阶层在西方史中，并没有完全相匹配之阶层。科举、选举为中西方为官二路。科举者，政府即由民众组成，为直接民权；选举者，政府由民意代表组成，而受民意监督，为间接民权。科举者必以知识与学养为凭借，其背后无阶层，只有家族人伦。选举必有不同阶层、势力之间的权力争夺，次及职责。而科举首重职能高低，及第之后始论权力。由科举产生之政府，其力由社会产生，为一中性阶层，甚少与社会某一阶层产生完全敌对；选举之政府其力由某些阶层产生，必有所倾，而不完括社会。科举的一大优点，即重知识学养于强力财富。社会人人可参考，而选举需要某一些需求相同者的支持，故科举消融了社会阶级，使三教九流之人流于一途，复使社会无繁杂纠纷，更使政府长期接受社会民众，使民众不与政府对立。全民选举正如全民革命一样，要有一大力量在后面推动。选举为永久常变，希冀以权力易人，背后为权力支撑；科举为短变，希冀以职责限人，背后为道德支撑。无论老庄或孔孟，所不同都在第二义之方法上，其更高一义，则在人道原则上无不相同。所以中国国政主人次政，政府的交替只在人。而西方主政次人，政府交替在于政策变化。中国人的革命不究以暴易暴，而贵于从事物内部进入，以和为贵，由内及外改变，其改革方法总归是加入政府自内改革，而非站在政府之外革命。若说变法只是一个量的积累，那么以大历史的眼光来看，一定数量的变法必也导致质的改变，在不知不觉中，中国已经发生了无数次与五四运动同等效果的变化。

　　从某种意义上来讲，与释、道、基督、伊斯兰、天主教相比，儒似一不出家、无教会组织的宗教，且称为儒教。宗教与儒教不同之处，在于宗教信于外，而儒教悟于内，虽同言教人，则外内有别。由此可知士非文人或知识分子。孔乙己落魄形象的长期出现，一直导致了国人心中对读书人的定义仅限于手无缚鸡之力的穷酸文人，而孔逸举的出现更多呈现了褒义的形象。文人仅言诗词歌赋，知识分子只谈学识专业，士大夫则言天下人生。此种天下人生与西方做研究不同，乃是一种体悟，不是科学，亦不是哲学，而更近于宗教。近人每谈起孔子，多以酸腐古板相称，尚不如西方人对孔子虔诚。

人多好以恶事为例来说中国德治的失败，嘲笑孔乙己般的传统儒生所学所用为迂学，而推崇西方三权分立，这无疑是一种自毁文化中最中坚有生力量的倒退做法。西方人人可为上帝之信徒，中国人人可自成圣人。上帝与徒之间是一个质的变化，而圣人与人之间纯度一致而只有量的变化。一理分殊而有先我，先我贯通而有一我，一我有职业有角色而有真我（图4）。中国人有一相同纯度的人生，西方人有一共同富裕的物质生活。我们明明已经进入了事物本源，何以退回表面？范进中举的痴狂已经是嘲笑中国传统教育的一个常例，而不读《儒林外史》，犹如管中窥豹，又怎知其前因后缘？所以，正因为有孔逸举这样的士阶层的存在，固言门第社会仍为封建社会，也与以军权、贵族血统为继承的西方贵族封建有所不同，而为一种平民封建。民主即人民当家作主，任何一民主国家都是人民有主选权，政府有主导权，二者不可易位。中国古代为官，重在一个"诚"字。诚即纯，纯度不同决定了人生乡士、国士、天下士的最终理想。在汉代，六百石律州刺史可以督察二千石俸郡太守。自唐以后，御史大夫可监察丞相百官。州刺史、御史大夫能做到名流百世，不在于其权大，而在于其诚于其职能。唐太守以明镜喻魏徵，正在于其如明镜一般纯无杂质，能完全做好自己的本职工作。而张居正在历史上颇受诟病，也非其所为不善，而是其逾权不诚。众人之诺诺不如一士之谔谔，为士，务求谔谔出全。而于西方则易受苏格拉底之影响，此为中国士统与西方党统一大差别。于孔逸举时代，政府主导权在内外压力下迅速消解，自身政治系统的崩塌导致人民的主选权被任意放大。国不以义为利，以利为利。所以西方在社会层面上言知识分子，中国在国家层面上有士阶层。中国政府以社会为基础，历朝历代国本不摇，由政府由上向下地组织社会。而后唐代仕途逐渐开放，士一阶层进以由社会进入政府，再反施于社会，完成了一通畅的治国之路，此谓中国的民主。故有国家兴亡却延袭相同社会；西方政府以社会为凭借，由社会组织政府，社会利益最大化是其目标，其国家利益是多数个人利益、社会利益的集合，并没有一个超然其上的政治理想，国家兴亡与社会无关，故有社会而无真国家。真正的国家，天下人有着共同的政治理想，有着超出当世绝大多数人意见的规矩道义。为政宁退不进，为道有进无退。中国与西方不同，正在于家、国之上还有天下大同，社会之中知识分子之中能有一相同抱负的阶层。士一层之大已不在国之政府，而主天下。故国政未见有真士，可国政却一直尊真士。西方以社会为大，故社会大于政府亦大于国家；中国以国家为大，故国家大于政府亦大于社会。西方国家战略可时变，而中国国家战略始终方向一致；西方国家战略亦随多数人意见而变化，而中国国家战略却始终一以贯之，只从心性之全体而来，不以兴趣为变，重天人合一之道义，亦不会让人厌倦。中国文化中，正因有天下这一层，故学者追求目标更为深远，总求毕生智慧对社会人生可有更广泛贡献，若从家国层面上讲，技艺本是可贵，可较之天下，只能成为一种人文修养手段，如音乐、天文、阴阳，只在人力有余之时才旁务。经史子集，四书五经，无非都是为了重塑士阶层的理想。若脱离天下而独立，技艺只能停留于一技一艺，自不能有深适远至之望。庄老之于孔孟，孔孟之于张仪、公孙衍，正因上者皆于人文着眼，视其政治脱离人文中心，而藐后者为一工具。

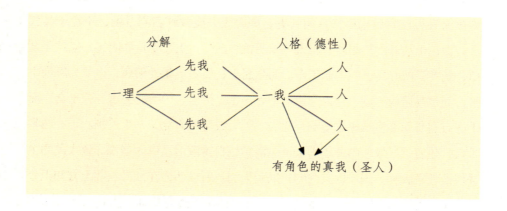

图4

故在孔逸举当时，以产为标准划分社会，岂不陷于西方资本主义社会的迷局中？士、农、工、商乃以社会职责区别个体，这是中国传统国家组建方式。以中产阶级、无产阶级等产业区别个体，为西方的社会组建方式。若以西学而量东学，有富农、富士、富商，而士却会被永远划入底层。士阶层不是为富己而生，而是为富国而生。西方法治为财产而设置，故重财产忽视个人突出个人自由；中国德治为个人而设置，故重个人忽视财产显得十分拘束。西方以社会不同区别国家不同，中国以国家不同区别社会不同；中国以国家为顶端，西方以社会为顶端；中国以国领导社会，立国规模有多大，社会就相应有多大，而西方则相反。东、西方法律建设初期，均是一个人在法前的过程。每条法律都是依据人的成规而逐渐积累，形成一个完备的法典。"国无道，不变塞焉，国有道，至死不变。"中国传统政治，重法不重人，处事结果有误往往归咎于人而不于法；西方政治重人而不重法，只要多数人意见一致，则法律随人力变动。中国传统政治人道在上，法治在下，"上无道规，下无法守"，《史记》曰："申韩之学源于老庄。"社会之基法在下，国家之基道在上。西方政治法在上，人在下，被创者在上，创立者在下，人需结党而获权，方能操控上者。史云："明亡于党争。"君子群而不党，非不能党，而是百官有职可循，有道而遵，不用结党。若中国社会不动，仅试图凭西方现成文字、案例动法于前，无疑仍是以法为重，此和重法不变是同一心理的两极。法在人上之举适变，人在法上之举适常。重视尽职尽能而忽视权力大小，本是一稳定国度中应有的态度。此等弊病在于突遇重大变化，易拘于陈规旧律、职位细密，不易迅速反应。人力不同于宗法，权力无法被逾越以求革新。此时正应打破以法为基，变为以人为本，突破中国传统之疾病，而道统的作用应介于人法之间，为一行事准则。围绕传统政治中常变的人而做不变政统改革的文章。对于中国传统政治，此虽是逆向而行，但权宜之计不可不从。中国近代读书人西化，应如唐代佛教东渡，化他为我，虽笃信、好学、守死却致于善道。但反观五四时期，革去了清代统治之政权，却未续力于传统文化之精神，面对西方新知识的狂潮，没有大力量来归引已有，一味执于技术科学，无异于凭空搭配一个新架子，未识人伦，焉知天道，无栋梁石柱，又何以为继？也无怪乎孔逸举屡陷于学而无用之过失。中国社会自战国以来，自由工商已开始发展，武功在历史上也屡见辉煌，但却并没走上资本主义之路，正因国家精神不握于贵族、军人、商人之手，而在如孔逸举这样一辈有特殊教育、理想的士人掌持之中。社会阶层文化论春秋战国，文化阶层变化论佛教东来，皆和平渡过，实为革命却无流血。中国的社会阶层里，哪一层更趋于平稳和平，文化就赖此保存下去，汉唐封建、门第莫不如此。

故言有之，西方社会有公德、善恶，却以人之私心领导社会向前；中国社会有私德门户，却以人之公心领导国家向前。这就是由下及上和由上及下社会的一大不同，也是忧国忧民的孔逸举与蚕豆黄酒的孔乙己能并存的一个原因。西方社会的顶端走向了财富，中国社会的顶端走向了明道。中国士一层在资本上不事生产，却可以无产阶级身份高居社会之上。西方知识分子虽有类似作用，但终因其无天下理想，而不能成为一阶层，只能分为一品类，也谈不上一个阶级。故士一层在上，政府在中，社会在下。以士为范围，军队中也有士一层。全农皆兵至全兵皆农，此地方团练亦是军士的一个体现。

由此可见，中国所追求的共产主义，不应在产，而在道。西方说人天生都是自私的，这并无错，因其所指为财富；中国说人性本善，也无错，因其所指为性情。所以西方人将私欲留给了自己，将公德交给了大众；中国人将私德留给了自己，将公欲交给了天下。正心、诚意、修身并非个人主义，而是与治国平天下一般，都是情揣着一种宗教意味的热忱，通过自身不同手段来关心整个社会大群体。物质上的自由无需多言，于精神上之自由，则为尽性成德。不压抑，不反对，而只是引导人性向善。西方宗教信奉人性本恶，恶性以如何成德？故常言处罚之，只是在堵，而不在疏。施诸己与施诸人，应仅是一力两端，执其两端，用其中于民亦可。孔孟庄老之学，无非亦是道之两端，一端有为而一端无为，皆以道为核心。有生于无，无中生有，实则一端依托政治向上，一端向下而已，两者互为相补。中国传统政治重失德、不称职而不重越权。权的作用甚小，德的作用甚大。德的职责没有完成则天下共诛之。纵人无此权力，也必遵德而力行。惟命不于常，道善则得之，不善则失之矣。此无关于权力要求，超然于法律规定，纵使君王也需相在屋漏，不愧于尔室。西方人以物质为衡量标准，物质的多少产生质变，贫穷与富有显在两个世界。中国人以心性为衡量标准，自天子以至于庶人，一是皆以修身之本。只要悟通渔夫与尧舜相同，满街亦可都是圣人。悟通层次不同，职责不同而已。故只有量变而无质变。西方的资本主义与共产主义的最终目标都放置于资产之上，两者同样着眼于物质经济，不同之处在于资本主义是人与人之间的个别竞争，共产主义是阶级与阶级间的集体斗争。人与阶级之间的斗争，只是达到最终物质享受与经济分配的不同手腕方式。西方社会只有最上层有财权的知识分子才能明白共产慈善之理，而中国从上至下，皆以通财为做人之本。在社会政治层面，西方立国之论整体与中国有显异。

反思近代的落后，我们不能总归结于孔逸举们所学的四书五经、忠孝礼义中没有包含现代科学。国学只是一种哲思方式，并不是内容。中国与西方不同，即贵于有传统一说，一事成传统，非经千年洗涤，人人奉其为经典，凝聚成统，方可相传，此为精神相传，历久弥香，而西方的传承只能于物质中探寻，而物久积而必弊，再好的机械也会出现故障。所以西方人不言传统，而只言创新革命，以物质为准，好言变，而其学术科学领域之创新又常为营财政产者所直接利用，抑或是直接为营财致富而产生。例如火药，中国人虽也生产火器，但火药在更多人心里是过年时的鞭炮，而西方则为武器，也即为利益。所以科技越发达，物质变化越快，也永远产生不了学统。近代科学发明很多是以提前透支为凭借，违反了中国人的中庸和睦，中西方的冲撞也就不可避免，我们应明辨之，谨思之。

一方土壤育一方国风。如前所说，西方社会引领国家进步者乃知识分子，中国传统社会引领国家自前者乃士阶层。士谋道而不谋食，近人笑孔乙己迂腐，只重经书之学，只懂咬文嚼字而无真正精神，今人又何尝不是从咬古书换成了咬技术，又不恐后人笑矣？大众历来对孔乙己的解读都是扬短避长，看见了孔乙己的穷酸，却看不清孔逸举的理想，更以孔乙己的形象掩盖了千百年来读书人的真面貌，忘却了何以在中国科技商业进步之时，仍以士为核心。中国历史上，入仕仅有游士、门第、科举等途来掌握问政，在力上往往有其制衡，而于社会贡献则更大，填补了社会一层之精神空缺。力有不逮者，以仕治国，充沛者，隐士平天下。士一层在上，力量大小随不同时期国家情况而变，在下则长期不变，保持了社会稳定。社会上士为道日益，政治下仕为政日损。两者正好上下制衡，上仕居于社会而平于天下，下仕居于政府而统于社会。且中国文化贵于诗词歌赋、琴棋书画的美学之上，更有一"道"作笼统，故研究中国文化、艺术仅于深层原理研究还不够，还需更升华于道。读万卷书，行万里路，非仅求行万里路而增长见识，而因万卷书中皆以天下为己任，不远游则志难伸。读书人游历天下的情怀气魄是一种抱负，可谓之天下性。当知不游历天下，又怎游天下之学？专才与通才属质上不同，而一德与通德则力量上不同。故中国不贵专家贵通学。科举制度的取消，并不是简单的考试制度变化，而是从根本上打碎了中国社会的平稳进程。从五四到当下，引领社会前进的仍是社会中层知识分子，此一群体试图像西方人一样用学术科学来带领国家前进，但往往陷于一门技术、艺术的生产创作，未能在西方文化上深层次精进，拼凑不成一整体。基督教在中国不能盛行的原因，正在于其与佛教、儒家的"人人皆能成佛""人人皆能入圣"相反。孔子诲人，以生活为例，以一种自下及上的姿态敬鬼神而远之；耶稣化人，以神谕谕人，以一种由上及下的世俗化进行。人人只能尽于上帝之子耶稣之下，与上帝隔着三层。不信基督教，故失去了西方文化中精神道德一层面，更不会有脱离于政治、学术之上的一种超然济世之情，而向内又因清朝三百年的统治断绝了读书人的精神链条，找不到心灵寄托，物质需求名利竞争就成为了最高追求。学术自由成了对社会下层大群体漠不关心的借口，失去了人生信仰，更留一残洞，放任自己以外的余下社会无所适从。其既无传统文化深厚背景，也逐渐拉开了自己与普通民众间的距离，转向以经济资产作为其依靠：若偏重于家，则主宗族社会，偏重于国，则主国家政府，而没有一由下至上，贯通社会国家的超政治理想出现。其无一不在自己专业的道路上一路狂奔，不断探寻知识的高峰。每个人的人生哲学都有不同的世界，掌握的知识越多，越脱离社会、普通人身份，越不能与群众共享其高端专业知识，只能为群众所欣赏崇拜。社会缺乏一种共通的向心力，学者混为商人、政客之例比比皆是，带领着全社会各自在私人纯功利上作打算。最终，人生是为了某一职业而职业却非为着整个人生。

所以，中国现今知识分子用功处，不在于校勘、训诂、考据、古籍、经典之理论上，而在于恢复修齐平治之精神中。天命之谓性，修道之谓教，人人天性相同，不同之处在于后天所受的德育，故谓之德性。人生物欲，皆是人性，不可抹杀，孟子曰："尽其心者，知其性，知其性，则知天矣。"要了解了人生各欲，方能攒天地之化育，与天地参，才能在人性之上始言德性，故儒家不违人性，而是依于人性，根据人类社会的最终理想，达成后天人文性，性德永承。人有人品，物有物品，只有将物人视为一己，才能真正做到天人合一，人文观与自然观才能做到相得益彰。我们应不失科学研究上的热忱，而又在精神上拔旗帜，建立中国人自己的理论。这才是解决孔逸举们心中学术迷惑的正途。如果国家想要稳固安定，民风想要重归纯朴，仍应以自己民族文化的传统为根基。借此一力，上通政治，下通社会，让知识分子们有共同的崇高信仰与理想。"天下安危，匹夫有责。"有一个诚字，纵使匹夫也能与圣人并列。从鸦片战争开始，近代中国不断受帝国主义欺辱，又不断受西方资本主义压迫，急变实为必然，不患寡患不均的信仰不免逐步转移，孔乙己们也必然要沉落下去。可这沉落并不是消失，而是在给孔逸举们以时间，用二千年文化的积淀去消化这一巨变。君子之道费而隐，依乎中庸，循世不见知而不悔。这百年文化的真空，正是有识之士积聚力量之时。所谓知者乐水，仁者乐山，于变动中，贵知者；于稳定中，而贵仁者，两者一脉相承。若非要在变中求山，则离知行合一远矣。子曰：觚不觚，觚哉！觚哉！其觚形也变化，而其本质相同。谈国学，可以一以贯之，因体用无二，共有一大同真理。而谈西学，则一定要分门别类，因体用殊绝，不可轻易跨门类，每一科均用途各异。专业可分类，道不可分裂。西方人政教早已分离，纵使打破了政治格局，也仍有宗教赖以寄托精神。而中国政道学三统主变不主破，一破则必然皆破，并不如西方一样，尚有心灵避风港可存。从纯文化角度来讲，中国学说皆以孔子为向心，虽后人学说各有异同，但异同范围愈广，愈见孔孟子说地位之高。西方学说虽有苏格拉底、柏拉图为祖，但只限于时间意义之为祖，并无一精神贯之。故每一科愈见发达，离中心却越远（图5）。文字符号可存知识，却不能存精神，不能让人诚服。知识可与精神截然脱离，故当世纯功利观点猖獗，国人无道德底线可依。且西方是一个向外扩张的社会，其社会矛盾可以转嫁于其他国家，而自己一味欣欣向荣。但资本主义、帝国主义向来未曾在中国历史舞台上表演过，变动产生的毒素也只能在自身内部消化。故中国现在不应力图生产一个以"产"为中心的中产阶级，而是应力图恢复以传统精神为核心的士一阶层，此乃更近社会主义，而非资本主义。

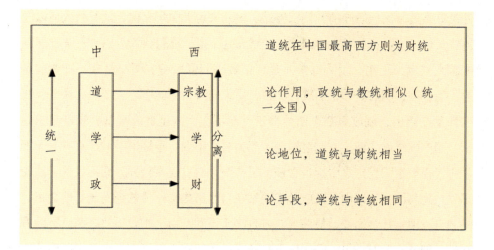

图5

以历史观，宋初历经了六七十年的重整，方谈文化复兴。中国人讲究人文地理，而非物质地理。文化复兴之于文艺复兴，不仅限于以"文"作凭来改革每一艺术、科学科目，更在于以文化成，求突破文艺之地域性，而共尊一文化本体。从1919年的咸亨酒店算起始，中国经历了三十年的国乱，牺牲了无数处于西文化漩涡之中的孔逸举们才换来了六十多年的统一。新一代的青年学子们掌握了西方的语言、科技、艺术，可千万不要忘记了当年绍兴街头那个颠沛流离的孔乙己。时代人物只为一时之功名利禄，而历史人物则为一精神，时代人物有成有败，历史人物无败惟胜。孔乙己为一时代人物，而孔逸举则脱离窠臼，为一历史人物。国家由盛转衰，正是人才由庸转能之时，乱世出英雄，国家能否延续自己的命运，只看衰时人才。故孔乙己虽一直逃避，一心想做盛世之民，不愿直视现状的不足，但尚存孔逸举的一身才情。习文虽温和，但豪杰非定要能文善武，而是有一精神，称为豪气。孟子分三种人：任，人不为仁而强之；清，人不为仁而弃之；和，人不为仁而善己。任为宠，清为辱，和为宠辱不惊，三者皆以为人，孔乙己、孔逸举不过是这气质变化中的两面。我们应分清偏祖与向心一别，中华民族若无一向心力，而一味于自身文化中寻找异处，分裂处，又何以向前？倘以异处、弊处来定义中华文化，此又教人何以向善？又何以尽性成德？心学四诀以能辨恶为下道，以行善为上道，一味评恶只能教人茫然又无措，引人以善才是真正解决问题关键。明辨是非，却歪曲是非，为偏袒；明辨是非，而既往不咎，引人向善，为向心。只要人心诚了，制度都是一回事，制度只在于由外框正，而不在由内化育。所以，制度是该讨论，而应围绕诚心而论，制度恒变，而诚心恒不变。年轻学子们若真有一天下之心，当于祖国稳定之中担当责任，于传统之中发现真精神，而不仅限于理论研究。为科不主皮，中华民族总归要站在自己历史文化传统与民族个性之上，根据自己现实社会而变，最终与西方各国于不同跑道上相较射礼。西汉有地方察举，魏晋南北有门第，隋唐以下有科举。传统在中国历史中，总有所倚仗。十七届六中全会只是知识分子一个契机，我们要抓住的不是用传统文化作为自己将来私人物质生活的敲门砖与护身符，而是创造出一个大的环境，让中华民族精神在其中复活，让更多知识分子因此觉醒。邵雍曰："象起于形，数起于质，名起于言，意起于用。天下之数出于理，违乎理则入于术。世人以数而入于术，故失于理也。"今之考试制度亦为尚法在于求贤，故提文化复兴而非文艺复兴，文艺复兴尚有一学科边界，仍易流于词藻，而文化复兴则似王荆公当年之变法，欲变学究为秀才，重精神不重经术。此刻文化复兴正是当时，方才是中国真正腾飞的起点。百年的时间牺牲了太多传统文化而救中国于水火之中。如今国家已经做好了准备，吹响了文化复兴的号角，也是吾辈读明后阳明之学力耕不辍，为中华文化开创中西文化大知行合一之时。

《木雅我的木雅》创作心得

　　《木雅我的木雅》拍片起源不得不说是冥冥之中一种巧合。因为我是学音乐的，在我上一部纪录片《角色》后期制作的最后阶段，我对影片的音乐提出了较高的要求与标准：影片主人公是一位川剧大腕，所以全片音乐既要有四平八稳、一板一眼的传统中国戏曲锣鼓，也要有跌宕起伏、强弱鲜明的现代西方交响乐。两者的结合殊为不易，整个音乐风格调整了五六次才逐渐找到了感觉。这时候，我的作曲跟我说，她要去甘孜高原那边看一下她的藏族阿爸阿妈。"不行，片子到了最关键时候，你不能走。"我很干脆地回答她。即使是在紧张的后期制作阶段，这个要求也不禁让我放缓手中的工作，回过头来仔细打量了我眼前的这个姑娘。"你是汉族的啊？"我疑惑地问道。"对，我是汉族的。"这位名叫杨华，没有一丝藏族同胞特征的四川音乐学院作曲系老师这样回答，"但是我确实有藏族阿爸阿妈，还有一个藏族妹妹。"这话一下让我怔住了。"这到底是什么情况？"我彻底放下了手中的工作，开始好奇地和她谈起了她的藏族姐妹多吉巴姆和巴姆一家，谈起了一个聚居于甘孜州高原地区、古老而神秘的藏族分支——木雅，以及他们如何传承、保护木雅音乐的过程。2008年，因为一次偶然的录音，杨华结识了木雅藏族歌手巴姆。巴姆渴望将木雅音乐带到外部世界的执着与淳朴，让杨华深受触动，由此开启了她俩探索、传承木雅音乐文化的旅程。巴姆与杨华这两个藏汉家庭，也在多年的接触中产生了亲人般的感情。听了她俩的故事，我不禁升起了一种油然的敬意，也一下触动了我心里长久以来的一些念头。所以，在《角色》尚未完成的时候，虽然我一直提醒自己专心致志，但在心里其实已经萌发出了跟拍这个汉藏姐妹故事的念头，也才有了这一部《木雅我的木雅》。

在接触到这个故事之前，我一直对中国传统文化都有很深的情感。作为一名读书人，抑或说是一名知识分子，我一直在观察、寻找这么一个实证：在当下西方文化全球化、一体化侵蚀的背景之下，中国文化倘若真能复兴，那么，民族融合必然是其根基。就历史言，中华民族经历了三次大的融合：一是上古至先秦，完成了中国政府的统一，由东夷、南蛮、西戎、北狄融入汉族，而有盛秦；二是秦至南北朝，匈奴、鲜卑、氐等融入汉族，而有隋唐盛世；三是由隋唐至元宋，契丹、女真、蒙古融入汉族，而有明代之盛。民族在扩展，国家亦扩展。中国民族文化复兴的前奏，就是民族文化的融合。这种文化融合并不是后现代殖民主义中所说的文化侵蚀，不是文明间的武力侵略，也不是物质经济的吞并，而是一种民族文化共同向心力所造就的统一。以四川本地文化为例，经考古学家认证，三星堆遗址约当于西周中晚期，与中原文明已经有了相当交集。从出土的金、铜、玉石文物可以看出，巴蜀一带的物质文明在当时并不落后于中原商周，所以中国文化分辨夷夏的方法不在于血统、物质，而在于文化。所谓"诸侯用夷礼则夷之，夷狄进于中国则中国之"。中华文化本出于自己民族，所以这个民族所组建的国家中"民族"与"国家"即自成一体，"民族"的观念常被中国人消融在"家"中；"国家"的观念常被消融在"天下"或"世界"中。

当下，中华民族正进行第四次未完成的大融合。满、羌、藏、回、苗与汉族发生融合，西学亦同时东渐。这种情况不同于以往任何一次。外部夹杂着中西方文化的碰撞，内部进行着民族文化的相互融合，像杨华这样从小接受西方教育的年轻人占据着中国当下知识分子中的绝大多数。片中杨华对木雅音乐的解读，不再是中国传统艺术的那一套方式。更准确地讲，片尾的木雅新音乐是一位西方文化背景的中国知识分子对中国少数民族文化的剖析。这种剖析是否正确？一方面讲，对原生态音乐的剖析能得到很多乐理上的新发现；从另一方面讲，这种剖析只是一个个单纯的音乐片段，这种支离能否获得原生态文化的本真？作为一名纪录片导演，有矛盾的故事是影片的灵魂，但若是这种专业学术上的矛盾真的成为了影片核心，那导演又想通过这个矛盾表现什么？所以，经过长期思索，我抛开了素材中大量琐碎的矛盾，将影片焦点放在了杨华和巴姆之间的感情，以及她们对木雅藏族文化的坚持坚韧，并试图在原生态音乐的意境中，完成整个故事的讲述。在后期编辑形式上，《木雅我的木雅》采取了一种截取中段的方式。只截取杨华和巴姆人生中的一个片段，从行走开始，到行走结束，正如《易经》从"乾坤"开始，以"未济"结束一样，她俩没有结论的人生，在佛学里被称为"娑洩世界"。问我何所有，山中唯白云。片子并不是这对汉藏姐妹的彼岸，而是她们人生中正在进行的此岸。

中国人常言一个"道"字，孔曰成仁，孟曰舍生，为了追求心中的文化理想之道，总会有无数仁人志士为了文化的道统而付出自己生命中宝贵的光阴。如果说巴姆对木雅文化的坚守是出于对自身民族文化的一种热爱，那么杨华对木雅音乐的执着，则是当下中国知识分子逐渐被唤醒的对民族文化一种自觉的良知良能。杨华的研究是非功利性的，在我拍片之前甚至很少有人知道她在进行这项研究。在西方文化市场理论中，文化若无市场则无经济效应，若无经济效应则无文化产业。在浮躁的社会环境中，杨华的平静让我十分欣赏，以身外身，做梦外梦，我对杨华和巴姆对木雅文化的传承保护方式不置可否，但是她们身上的那一种对文化坚韧不拔却真的值得我们去保护和宣传。

我曾经问过杨华，你为什么想来研究木雅音乐？她并没有给我一个明确的答案，只是告诉我仿佛冥冥之中有一种力量牵引着她行走在这条人迹罕至的路上。以大历史观的角度看，这个答案并不意外。就算没有杨华，也总会有那么一群人执着于类似的事情，中国文化的魅力也就在这里。在《角色》里有一章节，我特意提到了四川省川剧院院长陈智林将川剧商业化走出国门的事情。在当年，川剧商业化如同大多数传统文化商业化一样引起了很多争议。影片中，我对陈智林的这种做法给予了高度正面评价。按照这个理论，杨华和巴姆似乎也应该对木雅音乐商业化。但情境不同，陈院长将川剧商业化，是为了让整个剧团能够养家糊口，能够挣得一个艺术家最基本的体面与尊严，而杨华和巴姆则是立眼于个体，她们的理想并不需要商业化即可实践，故两者殊途同归。在《角色》的末尾，我提出了一个待解答的问题："面对他们（川剧人）的坚韧与坚持，我无数次叩问自己内心，我和我的同龄人，为了这种文化和精神的传承，曾经做过什么，能够做些什么，我们又能在其中扮演什么样的角色呢？"这个问题不仅是在问观众，其实也是那时我心中对自己的一个真疑问。

"角色"二字如一个符号，带出了无数川剧人共有的一段段过往今生。由一个人的经历上升到一群人的经历，再升华到川剧近代历史，用陈智林、"我"、川剧这三条线索贯穿整片，最终由我对川剧文化的感悟，揭示出当今年轻人在中国传统文化复兴道路上应该担负起的重任。而同样的，《木雅我的木雅》也如片尾所言，不仅是巴姆的木雅，木雅人的木雅，杨华心中的木雅，也是如是我闻的木雅。拍片不只是纪录，而是通过镜头去寻找自己想要的答案。在一次从雅江拍摄回来的夜路上，整个剧组都疲惫得睡了过去，只有我和司机不时地闲聊几句。路上要翻越一座海拔4200米的雪山，汽车颠簸在一条没有路的山脊上斜斜地开着，望着车窗外从翻滚的云层中渐渐落下的太阳和身旁深不见底的山谷，我想，《木雅我的木雅》似乎就是这么一个答案。

从影片制作角度而言，我常对学生讲，"传媒"一词在英文中是"Media"。广义来讲，传媒只是一种介质，一种方式，非有其实质内容。虽然西方传播学大亨麦克卢汉曾经说过一段颇具神秘感的预言："The Media is the Message."（媒介即信息），但究其本质，媒介所传达的信息只是使用者内心世界外露的一径。我们可以通过逆推的方式窥视传播本体的一斑，但却很难完整地构建出其全部。更确切地说，传媒是一种方法论。方法论只是求学的基本功，最多只是一种思维方式，但却不能代替思想本身。传媒只是一条路，分两层讲，一是无论纪录片、电影、电视剧，乃至于舞台剧、作文章、编曲，都是承载我思我想的一个载体，如路上行人，路之导向在人而不在路。二是用功若偏在修路，则路愈精致愈狭窄，愈会陷入一种单纯形式主义，让思想成了依附于手段的一个附属。从视听语言的角度来说，可分为音频、视频两种主导。这种分法并不是影视传媒仅有的特征，而是基于西方文化土壤所产生的结果。西方基于科技而产生的镜头语言和向外探索的哲学宗教思维，让西方传媒倚重于视听语言。而中国艺术最先起源可追溯于《诗经》《楚辞》，唐三千宋八百，数不尽的三国列传，由诗而乐府，由乐府而骈体、律诗、辞赋、散文，诗言其志也，歌咏其声也，舞动其容也，三者本于心，是故情深而文明，气盛而化神。可以说，中国的艺术避不开"诗"的意境，也就避不开文字语言。所以《木雅我的木雅》在风格上，虽然采用了西方纪录片难度最高的"真实电影"的制作手法，采用了全同期声的处理方式，但其最大特点仍在一个"诗"字。片中我采用了日记体的文字形式，将我所观察到的杨华内心世界凝练成了短短四百多字，贯穿于整部影片。在音乐上，全片在人物造型上采用了原生态音乐塑造不同人物形象，从内容上表达出了我所想述之言，也在意境上营造出了一种宁静而朴实的心境，在大量场景切换过程中，仅以片中原生态音乐作勾勒，一笔带过，成都、新都桥、雅江、九寨沟、维也纳……西方传媒的中体西用区别于意境。《木雅我的木雅》在创作手法上的突破不是仅言手段，而是用手段服务于目的，试图为中国传统文化在当代的复兴打下扎实的创作基础。

诗

吾诗生

Part.3

人生新起航

艺术学部2013级的同学们：

　　这是你们整个四年学生生活中，我给你们写的第一封信。

　　军训结束了，不知道你们对军营生活有什么样的感受。十五天的军训对很多同学来说是一种肉体磨炼。但是，对于一个人心性的磨炼，动不一定胜于静。参加完整个训练，同学们之间相互的差异由此而生。这种差异不在锻炼强度，不在军事理论，不在内务卫生。于军事训练的动中，你们能静观出一种发自内心的精神，为自己立志、立恒，才能收获到最多营养。一名合格的军人，不仅能武，更要能文。这种能文并不是指文藻辞章，而是一种气质，一种眼界。当下，中国社会的整体风气偏于浮躁。在互联网络如此发达的今天，整个社会缺乏的不是各种尖端的科技知识，缺乏的是如军人一般，对任何事情都持之以恒，怀揣坚毅的一份朴实。阳明曰："昔孔子在陈思鲁之狂士。以学者没溺富贵，如拘如囚，而莫之省。有高明脱落者，知一切俗缘，皆非性体。然不加实践以入于精微，则渐有轻灭世故，阔略伦物之病。虽此世之庸琐者不同，其为未得于道一也。故孔子思归以裁之。"阳明言，人之一身，尽有所不肯为，及至他事又不然。若士者，虽杀之使为穿窬，必不为，其他事未必然。至如执卷者，莫不知说礼义。又如王公大人，皆能言轩冕外物，及其临利害，则不知就义理，却就富贵。如此者，只是说得，不实见。学者贵大成而非小用，大成者参天地之化育，小成者谋功计利。在高谈阔论之前，只有日积跬步，方能至千里。

从你们报到那一天起，你们其实已经不止有学生的身份，而是一名传媒从业者。传媒大学是一所实践需求较强的学校。上课的理论，有时需要在课下迅速转化为实践。但同时，你们诸多师哥师姐的弊病也在于过强地重视了实践，忽视了扎实的人文基础。不知道你们对"传媒"一词有何理解。广义来讲，传媒只是一种介质，一种方式，非有其实质内容。虽然西方传播学大亨麦克卢汉曾经说过一段颇具神秘感的预言："The Media is the Message."（媒介即信息），但究其本质，媒介所传达的信息只是使用者内心世界外露的一径。我们可以通过逆推的方式窥视传播本体的一斑，但却很难完整地构建出其全部。更确切地说，传媒是一种方法论。方法论只是求学的基本功，最多只是一种思维方式，但却不能代替思想本身。一百年前，胡适之先生满怀憧憬地将杜威教授的实证主义带到了中国，正是想循着"九分证据不说十分话"的方法论找寻振兴整个民族文化的学肅。但百年后，我们却在"胡适之的幽灵"之下更加迷茫。破旧、固本、创新，这是任何一门学科，任何一个社会想要进步的必经之路。当下经常见诸报端的"复兴中华文化"，正是在一系列破旧之后的固本。破旧只是破去一些与当下时代不符合的末端，并不能以偏概全地否认掉旧的一切，那样只是一种文化虚无主义。每个人的性向不同，传媒是一门人文学科，而人文学科的学问流派、学识渊源并没有绝对的正误标杆。四年里，你们能在浩瀚的书海中找到一个不一定是显学，但能使自己服膺一辈子的文化信仰，那就无所谓失败，也方能从时代人物之中抽身，而渐成一历史人物。

文化教育、人才教育、职业教育，这三个项目实系相通，等如一个。从历史的角度来看，中国古训重通才，四书五经、洒扫应对，上学而下达，一以贯之。黄震曰，学者当贯通之以理，故夫子谓之一以贯。然必先以学问之功，而后能至于贯通之地，故曾子释之以忠与恕，盖理固无所不在，而人之未能以贯通者，己私间之也。尽己之谓忠，推己及人之谓恕，忠恕既尽，己私乃克，此理所在，斯能贯通，故忠恕者，所能一以贯之者也。夫子他日又尝以告子贡曰："女以予为多学而职之者与？""非也，予一以贯之。"此谓多学正所以求为贯通，不可止于务多而已也。颜子得此意，故曰："博我以文，约我以礼。"约以礼，则一以贯矣，然非出于博文之外也。孟子得此意，故曰："博学而详说之，将以反说约也。"反说约，则一以贯矣，然皆自博学详说中来也。圣贤之学，首尾该贯，昭然甚明，初未尝单出而为一贯之说。尽《论语》二十篇，无一可借为荡空之证者。

而西方的教育从苏格拉底、亚里士多德开始即重分门别类，亦即重专家。从曾国藩、张之洞的西体中用，再到胡适之的全盘西化（适之先生晚年于此似有悔），在近代不到两百年的时间里，我们的教育发生了翻天覆地变化。传媒大学的关于"用"法的课程实在太多，用我自己的话来讲，"不会录音的摄像不是一个能策划的好导演"。体用本应无二，但用途千变万化之后，若心中只是一个无，自然也会失去本体。有许多人尽管在读书，但并不一定是在研究学问，只是在求知识。尽管有人在搞思想，但并不一定在研究思想本身，不是研究哲学的问题。过去的习惯，问人读书的情况，不问他读了什么书，有没有文凭学位，只问读通达了没有。在大学学习生活即将开始之际，我并不能为你们讲得太多，只能简单地为你们勾勒一笔。任重而道远，仅以陆九渊诗一首送与你们，愿诸位共勉：

> 孩提知爱长之曰钦，万圣相传只此心。大抵有基方筑室，未闻无址忽成岑。留情传注榛塞，著意精微转陆沉。珍重友朋勤切诵，须知至乐在于今。

德业与学业

源流

中西文化论谈

　　孔子之所以为至圣先师，乃教吾以为人，又教吾以学。中国社会自封建以来，由政府向上向下地组织社会，而后中途仕途逐渐开放，士一阶层得以由社会进入政府，再反施于社会，完成了一通畅的治国之路，此谓中国的民主。而西方社会由社会组织政府，社会利益最大化是其目标，其国家利益只是多数个人利益、社会利益的集合，并没有一个超然其上的政治理想，故社会愈进，国家愈退。国不以义为利，以利为利，所以西方在社会层面上言知识分子，中国在国家层面上有士阶层。

　　两千四百年以来，士之一阶者，进于上，则济政治，退于下，则主持教育，鼓舞风气。在上为士大夫，在下为士君子，于人伦修养中产出学术，再由学术领导政治。社会是不同人的集合，是不同人灵魂外化后的产物，所以社会才是老师，才是人类求知的精华所在。知识分子从政，古今中外皆有之，途径不同，不足为奇，中国奇在于政之上还有一层士，更高贵于仕。中国之学术思想从人生实际而发，最后仍回到人生实际，不似很多西方思想纯为思想而思想，不着任何落脚点。若空有一套玄学妙想，现实生活中行为不典，在中国就不能成为一大师；而于西方，则可成为一思想家。于现实生活中有一师能效其行，言传身教，此为学术一捷径。倘若现实生活中难寻，则不妨师法古人，孔子亦于此才能为"集大成"者。若所学能从书上得，则书可为师，不必人，只

206

有仅能从人身上所学，才能将其为人师。此种人师必是自有所悟，所学非悟不能得，才能为真师。

亚里士多德言吾爱吾师，吾犹爱真理，即是要人首先忘记自己为人亲情之本，只忘了大本，只埋头于后天发明创造。殊不知人情岂非人世间最大学问？中国学说皆以孔子为向心，虽后人学说各有异同，但异同范围越广，越见孔孟子说地位之高。西方学说虽有苏格拉底、柏拉图为祖，但只限于时间意义之为祖，并无一精神置之，故每一种意见越发达，离中心却越远。例如现今学生们学数学，陶醉于书本中人不乏，而敬其著者甚少，更多人厌恶于数学，因数学符号可存知识，却不能存精神，不能让人诚服。知识可与精神截然脱离。正是在这种追求引导下，科技才会产生出原子弹这般事物。单讲善，易流于欲，爱欲皆非仁，仁中可含爱但没有欲，只有情中得其正。是仁可以尽性，道法自然，此自然并非一个单纯的物理自然，而是自然中善好的真理，否则孔子好学不倦，既有一纯然自然可师法，又另有何物可学可思？人类真正的学问学术乃在此。如何使人类相近的天生本质，孝悌、忠信，万世弥新，永不变坏，永不消失，尤其如何在当前世界权利争存愈演愈烈之形势下，如何能保存与发展此忠信？重视尽职尽能而忽视权力大小，本是一稳定国度中应有的态度，可此等弊病在于突遇重大变化，易拘于陈规旧律，职位细密，不易迅速反应。人力不同于宗法，权力无法被逾越以求革新。此亦儒家高明处，此方可称为人文真理。看朱子如何尊二程，又不赞成二程，即可知如何尊先贤。多学而识之乃学之本，一以贯之乃学之通，致本只是为通，非反为博学。九渊曾言："前言往行所当博识，古今兴亡治乱、是非得失，亦所当广览而详究之。顾其心苟病，则于此等事业，奚啻聋者之想钟鼓，盲者之测日月？耗气劳体，丧其本心。非徒无益，所伤实多。他日败人事，如房□之车战，荆公之均输者，可胜既乎？"故致通不能忘本，否则务虚，任何学习都应是为致道。

中国人之学术自由纵在战国百家也必围绕一人性中心而论教。不若西方，可以物、神、人三者分立凭借，始无一中心。近代后殖民主义亦讲，真正的知识本质上是非政治性的，反之，具有明显政治内含的知识不是真正的知识。科学专家知识，是超道德的。在道德基础上，一切科学各门专家知识各有用，在无道德与不道德的基础上，一切科学，各门专家知识，不仅会变成没用的，而且还会有塞。孔子之学只是一门人学，非知识非理论，只教人如何"吃紧做人"。其向后展衍有两条路：一条是简易的，直捷的，三言两语，可以当下指点，可以终身奉行。这一条路，发展于象山与阳明。另一条路是细密的，笃变的，千门万户，阶级层次井然，学者循序渐进。这一条路，发展于小程与朱子。前一条路可以普遍大众化，后一条路，可以特殊学术化，但以其三大本质（本之于人类之心性，本之于社会，本之于历史经验）都归于道德中心。中国知识分子因千百年来沿袭下来的习惯，不信基督教，而失去了西方文化中精神道德一层面，更不会有脱离于政治、学术之上的一种超然济世之情，而向内又因清朝之三百年断绝了读书人的精神链条，也找不到心灵寄托，物质需求名利竞争就成为了最高追求。西方用学术科学来带领国家前进，但这些技术在大多数中国知识分子手中并未能在西方文化上深层次精进。学术自由成了对社会下层大群体漠不关心的借口，也失去了人生信仰，更留一残洞，放任自己以外的余下社会无所适从。

如今，引领社会前进的仍是社会中层知识分子，但此一群体失却了共同的崇高国家理想，往往是陷于一门技术、艺术的生产创作，又不成一整体，其应既无传统变化深厚背景，也逐渐拉开了自己与民主间的距离，转而向以经济资产作为其依靠。学者混为商人、政客之例比比皆是，全社会各在私人纯功利上作打算。如果国家想要稳固安定，民风想要重归纯朴，仍应以自己民族文化的传统为倚靠，让知识分子们有共同的崇高信仰与理想。借此一力，上通政治，下通社会，必也使无讼乎？

　　所以，中国现今知识分子用功处，不在于训诂、考据、古籍、经典之上，而应在恢复修齐平治的精神之中。文化教育、人才教育、职业教育，这三个项目实系相通，等如一个。每个知识分子的人生哲学都有不同的世界。掌握的知识越多，越脱离社会中普通人之身份，越不能与群众共享其高端专业知识，只能为群众所欣赏崇拜，故社会缺乏一种共通的向心力。西方之文艺复兴不仅是技艺，更是人文精神的又一次抬头。以历史观，宋代经过五胡之乱，经历了六七十年的重整，方谈文化复兴。从1949年始，正逢一甲子。中国当下知识分子们若真有一天下之心，当于祖国稳定之中担当责任，于传统之中发现真精神，而不仅限于考究古训。文化复兴正当从此刻起，此时方才是中国真正腾飞的起点。中国近代知识分子西化，应如唐代佛家东渡，化他为我，虽笃信、好学、守死却致于善道，将西方文明中国化，怀一诚字去感悟西方文化。百年来，守死学者虽经历了一个上下皆不逢源之时，但必经此时，才有文化的真正发展。如今，西译的东西并未真正学得，与欧美尚有一层隔膜，中国的传统却又不明真义，夹杂于社会中间，故孙中山先生云："同志仍需努力。"此言即在此。

论迷茫

源漭
中西文化论谈

艺术学部2013级同学们：

开学已经一段时间了，因为工作忙碌的关系，一直无暇顾及再给你们写信。抽空提笔，字浅言深，仅与诸位作一个沟通。

最近很多同学与我交流中，都透露出两个字眼：迷茫。主要的迷茫来自于学校生活和学习生活。在大学里，这两者有很大区别。简而言之，大学生活包括三路：学术、实践、学生干部。三者相互交织，却又各自独立。能力上者，能择其中之二；一般者，能在三条路中任意走出一条来，都属不易。这里因精力所限，我不对三者异同作多的剖析，只就大多数同学在学习生活中的迷茫做一个略述。

西方心理认知学派的皮亚杰(R.J.Piaget)和精神分析学派的佛洛伊德（S. Freud）、埃里克森（E.Erickson）都认为心理发展是一个分阶段的过程，是一个非连续的过程。从整体着眼，西方的教育体系与这种分段方式密不可分。从理论上讲，这种分段式教育应该是一种层层递进模式，人生教育应该逐步深入，迷茫应该只是基于众多具体选择的一种无可奈何，而不是茫然无根的一种迷失。但是，当知西方知识教育的背后有两个对立面：一曰宗教，一曰科学。科学解决的是人生实际问题，而宗教解决的是生命之不可思议处；西方中世纪的学院教育直透宗教，现代的大学教育则本宗科学。

科学与宗教的不可调和暂且搁置不论，宗教的精神是出世的，对于当下教育体系来说，除非有一定的家庭环境，否则和宗教信仰无由生处，那就只能寻求于科学。科学的精神是入世的，其最大弊病即在于一个"析"字。我曾经在课上板书过一次关于"idea"的内容。由西方唯物论、唯心论到赫胥黎天演说、黑格尔"正反合"、叔本华意志说等，"idea"在西方的发展的路径虽千变万化，无论是以实证主义为主的实践派，还是以人文主义为主的批判主义、后殖民主义，西方现代大学教育与中国传统文化的大差别之一即在对生活的态度。中国教育若脱离了传统文化，仅于一途一径中让人探寻人生理想，只是于一局部用力，执偏而不是以概全，举一而不能反三，失去了人文社会的全体性，最终只能落于盲无目的地向前。中国人从来即将宇宙万物与人生视为一件事，万物一体。我们的观点更多是人文的，而非科学的。这并不是说中国文化中没有科学的成分。春秋战国《墨经》、惠施"十历"、公孙龙"白马非马""鸡三足"，乃至于近代严复、刘文典的众多译著，王国维对逻辑代数、微积分的研究等，科学的内容都贯入了最普通的人生哲学。墨家的最终衰落即在于脱离了人生大群，抑或说随生活大流融入了更贴近人生的儒道。

一方水土养一方人，若有游历欧美的经历，你就会发现，西方人科学的生活自然会产生一种科学的精神。但像中国高中课程一样，纯粹以理析物，停留于模式、公式、理论、章节节选的支离科学，并不能在中国人内倾型的心灵土壤中酝酿出纯粹外倾性的世界观，所以才会有现在的迷茫。

张之洞、曾国藩言"中体西用"，其实早就为后人开辟了两条道路。从浅字面意思来讲，中和西应该是思想和实践的两个板块，但从深层次讲其实只是一条路，只在一个"勤"字。湛若水言："人与事应，然后天理见。天理非在外也，特因事之来，随感而应耳。故事物之来，体之者心也。心得中正，则天理矣。人与天地万物一体，宇宙内即与人不是二物，故宇宙内无一事一物合是人少得底。"程颢说天理二字是我自己体贴出来，朱熹则要教人向外面天地万物去穷格。所以若水亦言："天理是一头脑"，这是说：格物要把天理作头脑。守仁说："良知是一头脑，则反诸心而即获。"所以学问思辨力行功夫只是一枚硬币的两面，实则仍旧是那一枚硬币。学问如下种，理论犹之结实。必先有学问后有知识，必先有知识而后有理论。

短短百言，交浅言深，每位同学的状况不尽相同。信只是鸟瞰，落到实处仍旧只能靠你们自己。我相信，短时间的迷茫很快会过去。慢慢走，慢慢看，放慢你们的身，学会用心去看世界。

品与流

中国有古话，物有物品，人有人品。物的品很好理解，也即是物之属性，此为一成不变的。但人的品却是变动的。"物"字古义，乃射者所立之位。射有不得，则"反求之己"，此之谓"格物"。射不中的，目的不当，亦非被射者之地位不当，乃齐之、修之、平之者之"自身之道"有不当。过不在人，而在己。不能以己志不得归罪他人。人非圣贤，苟不时自警惕，使俭居人上，而品在人下，即是一件可耻、可悲的事。魏晋南北朝时期，政府选拔贤人靠着一种制度叫九品中正制。所谓中正，就是掌管对某一地区人物进行品评的负责人，也就是中正官。品评内容分三：一者世家，二者行状，三者定品。世家只是参考，定品主要根据行状。行状即当于品行。士人进身惟靠人品，与实干无关。可见人品于国人之重要。

中国人又习惯将人分为三六九等，不入此等者皆为不入流。佛家有句话，叫慈悲生祸害，方便出下流。此一下流即指人品。所以，我们又习惯将流与品合称为流品。是名士真自风流，名流、上流原出自此。中国社会经历了两千多年文人政治，整个社会以文人名士主掌政府之优点暂且不谈，其缺点在于用人标准固化，人才所学单一，限于流品，此所谓玄谈冥思之误。所以"品"字又常做动词讲。我们说品味、品德、品藻，"品"字与后者融而为一，实有知行合一之意味。中国文化，很多言外之意，只可意会不可言传，这与西方哲学科学俱事需条目清楚截然不同。中国文化在一个"悟"字，在于言传而身教，重一个"行"字，其理论依据往往非建立在某一文字之上，而是人生之中，抑或文字绝不脱离于人生现实而出，此为中国文化正宗。

对于文人，常有一句话叫文如其人，也即是通过物品、作品而见人品。作品不同于作业。作业必有相应规则，如字数、体裁、格式等。一方面讲，学术、创作需要规范，例如一篇文章该有引注、脚注、参考书目，不能从简，这些规范由简到繁，往往是一些通用标准。但流水线所生产的物品易失天趣，失人性，甚至也失物性。所以作品的外部束缚少，而内心要求更严。凡是由人心流露出来的，便可叫精神。机械世界由科学家心里创造而来，科学即代表一种精神。但机械之复制却不需人心力，故机械中并无精神。艺术却不同，艺术的传承需要不断临摹，不断揣摩，故内在精神依然存在，此即精神世界。如中国人写生，不如西方人般站定在一角度上，拘束在一个时限内去写，而求能超越时空限制，详观其正、反、前、后，多方面去观，又须长时期去观，又须能观其大，与全、与通、与变，如此成竹在胸，乃始落笔。黄宗羲丁巳《留别海昌同学序》言："某虽学文，而不能废夫应酬，穷经而不能归于一致。洒扫先师蕺山之门，而浸淫于流俗，弦急调哀，不知九品人物，将来何等。" 唯圣人然后可以践形，学不在践履处，求悉空谈。罗汝芳讲学之著精神处，正在他不讲理，只讲事，而正在事上显出了理。所以禅宗兴起，同时便会有华严。华严讲"寻理圆融"，却要讲到"事事圆融"。必待讲到这里才如行人到了家。可见为学与为人，作品与人品调和一致实属不易。

但"流品"一词在西方却没有相对应的。西方社会有阶级，无流品。阶级之划分可以以产业、以知识，却无关人的德性。中国社会有流品，无阶级。若一人富而不仁，即得不到社会尊崇。虽一人箪食豆羹，但于德性有其不可更替者，却能流芳百世。叔齐伯夷被尊为圣之一者，是在其失去其财富、地位、阶级乃至于生命之后，所谓气节者在是。尹川先生言："人之一身，尽有所不肯为，及至他事又不然。若士者，虽杀一作教。之使为穿窬，必不为，其他事未必然。至如执卷者，莫不知说礼义。又如王公大人皆能言轩冕外物，及其临利害，则不知就义理，却就富贵。如此者，只是说得，不实见。"此一评判标准始于孔子。孔子之伟大，不仅在其思想，更在其为后世创立了"士"之流品。在道德行为上，够得一个标准，称士君子。在地位职务上，够得一干领袖人物，称士大夫。在人中间，应有能起带头作用的，可以作人家标准与领袖的，这就叫做士。但君子与大夫亦有此分别。人若是个君子当然是个士，但大夫有时会不一定够做一个士。这样，便不是一个理想的大夫。士君子可以各人自己努力做，而士大夫则须政治清明社会公道才能有。士负担着中国教育和政治之双重责任。士乃社会公职，便不该再务家庭私业。故士之一流品，常保留其有与工、商业间某种程度之隔离。就中国传统思想言，士应该能负担道，代表道，即是负担代表此传统文化理想与传统文化精神者。因此由士来主持教育与政治，即是政教一致。由教育阶层来领导着政治，再由政治阶层来领导着社会，如此则社会全体将永远向此文化理想与文化精神之大目标大路程而前进，此乃中国成立"四民社会"意义之所在。

品评出一件好的作品其实并不困难，时代愈久，则作品之第一流者转变得愈少。因其经时代淘汰，从前认为入流的，现在却可不理会。但总有剩下的那些经典作品，所谓"不废江河万古流"者，则仍然存在。东汉孝廉，隋唐诗赋，宋明经义，其末流皆在于钻入形式。避形式主义应着倡教育，教育又应在实处落脚要依事而育人，不是空谈高义。最高的教育思想，不专在教其人之所不知不能，更要乃在教其人之本所知本所能。人之一身，不论出处潜见，当以天下为己任。最初立志，便分路径。入此路径，便是大人之学。此外便是小成曲学。张横渠所言万物一体之论，此其胚胎。欲为天地立心，必其能以天地之心为心。欲为生民之命，必其能以生民之命为命。诚得此体，方是上下与天地同流。宇宙内事，皆己分内事，方是一体之实学。所谓大丈夫事，小根器者不足以当之。谓颜子从夫子学则可，谓为学夫子之道，非惟不知道，并不知颜子。天道为人人当由之道，若谓学夫子之道，是舍己而学人，及后世徇迹摹仿效者之所为，即一学而成，亦与自己心性有何干涉？告子曰："生之谓性"，全不消为，故曰："以人性为仁义，犹以杞柳为桮棬。"此犹禅宗无修证之说。不知性固天生，亦由人成，故曰："成之者性"，又曰"成性有存"。罗钦顺曾言："昔官京师，逢一老僧，何：'何由成佛？'渠漫举禅语：'佛在庭前柏树子。'意其必有所谓，为之精思达旦。揽衣将起，则恍然而悟，不觉汗流通体。既而得《证道歌》读之，若合符节。自以为至奇至妙，天下之理莫或加焉。后宫南雍，圣贤之书未尝一日去手，潜玩久之，渐觉就实。始知前所见者，乃此心虚灵之妙，而非性之理也。自此研磨体认，积数十年，用心甚苦。年垂六十，始了然见乎心性之真，而确乎有以自信。"人的一技之长靠的是自己勤奋所习，但人于技能之上更应悟透一番远大理想，反之，变化自身流品。此一理想无关乎自身，而关乎社会。《楞伽经》说："愚痴凡夫，随名相流。"一部好的作品真能将作者的理想灌注其中，在一般社会中产生影响，改变社会风气，使人人知之效之，那才能算一件真正入流的作品。

中国人常言三不朽。立功者，科学家、军事家非人人可做；立言者，艺术家且立无言之言；只有立德者，为普通人人人可行。只此人人可行者，却是最难做。望诸生以此为律，以求诸事业展望。

慎独

学不在于师，而在其人之自力。《中庸》或慎恐惧、慎独，皆动以致其力之方也。故善学者，必致动静于敬，敬立而动静勿失，此合内外之道也。王槐时曰：意非念虑起灭之谓也，是生机之动而未形，有无之间也。独即意之入微，非有二也。以其无对谓之独，故程子云其要只在慎独。意本生生，惟造化之机不克则不能生，故学贵从收敛入，收敛即为慎独，此凝道之枢要也。

胡敬斋言："今世又有一等学问，言静中不可着个操字，若操时又不是静，以何思何虑为主，悉屏思虑，以为静中工夫只是如此，所以流于老、佛。不知操字是持守之意，即静时敬也。若无个操字，是中无主，悠悠茫茫，无所归着，若不外驰，定入空无。此学所以易差也。"学人一生贵一以贯之，学习上的动静不应随时间、空间而有间隔。在学校期间，静坐读书是一静，用心听课等亦是一静，学劳攘则无由见道，故观书博识，不如静坐；临至假期，用心实习是一动，支教公益等亦是一动，为学须静坐中养出和端倪来，方有商量处。若只讲一字，恐着偏着，故云静固静也，动亦静也。日用间随处体认天理，著此一鞭，何患不到古人佳处。阳明曰："前在寺中所云静坐事，非欲坐禅入定也。盖因吾辈平日为事物纷拿，未知为已，欲以此补小学收放心一段功夫耳。"学问知识与实践运用不是两途，而只是一径。人须在事上磨，方立得住。只有将在校期与假期合视为一，才是一个圆满的学期。

218

源流

中西文化論談

若认为实践即要停学，学习即无实践功夫，则为帮补。凡学问一有帮补，则心思便有一半不满处，费了筹度。躬行便有一半不稳处，贵了调停。若知行分作两件，则一念发动，虽是不善，却未曾行，便不去禁止。所谓知行合一，正要人晓得一念发动处，便即是行了。发动处有不善，就将这不善的念克制了。圣贤只率性而行便为道，故云致中知。不于中处调和，亦不于和处还中，彻始彻终，要在慎独。

《诗经·大雅·抑》曰："相在尔室，尚不愧于屋漏。无曰不显，莫予云觏；神之格思，不可度思，矧可射思？"其实动静的收敛功夫即是慎独，动静的目的不仅在做一个学业上的完人，也在做一个生活上的完人，"慎独"二字就是一个四书道贯的本体功夫。更高一层讲，学业与生活合二为一，才能有一个圆满的人生。

王畿言陈献章："白沙是百原山中传流，亦是孔门别派，得其环中以应无穷，乃景象也。缘世人精神撒泼，向外驰求，欲返其性情而无从入，只得假静中一段行持，窥见本来面目，以为安身立命根基，所谓权法也。若致知宗旨，不论语默动静，从人情事变彻底习以归于玄，譬之真金为铜沿所杂，不遇烈火烹熬，则不可得而精。"湛若水曰："伊川见人静坐，便言其善学。然此不是常理。日往月来，一寒一暑，都是自然，岂分动静难易？"假期里，望诸生谨记四字"必有事焉"。读书实践，远行旅游，回家探亲访友，孝敬邻里尊长，都是在事上磨炼做功夫。若止好静，遇事便乱，终无长进。那静时工夫，亦差似收敛而实放溺也；若只好动，则无源之水，初易而后难，亦终无长进。

余常曰，人各有性向，若非落着实际，实难具体指陈。阳明曰：

> 教人为学，不可执一偏。初学时，心猿意马，拴缚不定，其所思虑，多人欲一边，故且教之静坐，息思虑。久之，俟其心意稍定，只是空静守，如槁木死灰亦无用，须教他省察克治。省察克治之功，则无时而可间。如去窃贼，须有个扫除廓清之意。无事时，将好色、好货、好名等私念，逐一追究搜寻出来，定要拔去病根，永不复起，方始为快。常如猫之捕鼠，一眼看着，一耳听着。才有一念萌动，即与克去，斩钉截铁，不可姑容，与他方便。不可窝藏，不可放他出路。方是真实用功，方能扫除廓清。到得无私可克，自有端拱时在。

此言言简而意深，不落此时窠臼。学期初为诸位提"勤""恒"二字，望与慎独同思同念。

言墨儒名

源流
中西文化論談

　　春秋战国，天下学术源流分九家：儒、墨、道、名、法、阴阳、纵横、杂、农。很多人都知道，讲白马非马、坚白之辩、鸡三足的惠施子、公孙龙子属名家，但却不知道名家属别墨。别墨，即是指墨家别传。

　　现在我们讲三教合一，常言儒释道，但是两千年前，中国本土最大的三个学派没有释家，而是墨家。佛教是唐朝印度东传之后，才在中土发扬光大。

　　那么，如此大的一个学术流派，为何在中国消失了呢？

　　其实，墨家并没有完全消失，而是分门别类地融入了儒、道两家之中。孔、墨之后有惠施、庄周；之后有邹衍、公孙龙；之后才是荀、孟、老子。

　　在孔、墨时代，儒墨之争在礼乐。春秋末期，儒家于礼中反贵族，墨家于非礼中反贵族，但两者皆尚贤。为墨者，勤生薄死，无求显名。因墨家立论本不靠鬼神，故墨以为儒有四端：一天为不明，以鬼为不神；二原葬久丧；三可为声乐；四以命为有。但进入战国，贵族阶级崩坏，游士阶层兴起，士一阶层进一步得势，最后四者中只存二、三，略四，无一。故庄老反不尚贤以平息士中激变。可见，儒墨道三家皆是围绕中国文化中的道政学三统在做文章。

　　我们如今来看墨家，似乎更亲切。墨子、孔子二人形象在我们心中似乎一豪杰一迂士。但观论语仁者堕井一说，可知儒家并非不舍身成仁，而要先问智。子路战死，以身献道，谓可。不知礼教而欲达目的，很易言行不一致。儒家重在一个言行一致的调和，而墨家则有言行恐不致的矛盾。如葬礼，厚爱者为何违心薄葬？依孔子则有厚有薄，薄葬非有墨子这样的性格与智慧不足以实现。儒、墨道本义源出一统，都是在寻求人性本善的一面，只行事方式不同，皆有推己及人之学。道重己，墨重人。

秦一统天下，墨子死而墨学渐解，被众学派所吸收。《汉志》放公孙龙于名家，《隋志》放公孙龙于道家。观惠施、庄周二人可知名虽承墨，但墨亡后又与道家更近。

墨惠同于"本于爱"而主"尚用功""勤力明权"，言"非攻""寝兵""去尊"，其不同于爱之出外。墨本天志，而惠主辨物，主"泛爱万物，天地一体"。惠庄不同在于庄主无情，惠主有情，庄主不益生，惠主益生。惠之用譬与庄之寓言比，用词更为平实。许行于墨子，气魄变小，从者变少，更向自己内心走，再进一步便为老庄。惠施的心之容，情欲寡，已从许行而更近于老庄，除了言行上更个人向内心走以外，还发展出了自己的一套哲学，即惠施十历。在其之上，若再有一步"不敢为天下先"，调和了墨家后期言行不一致的问题，即真老庄。

由惠施十历，这才引出了白马、坚白、指物、通辨诸论。这些论辩都是战国魏国公孙龙子在继承了惠施思想的基础上演变而来。总的来讲，白马论为辨个体与群体之间包容关系，指物论为辨物本身之名实关系，通辨论为形成个体与群体之一系统，坚白论为物与外名之间关系。（图1）

名实论→指物论→坚白论→　白马论　→　通辨论
名实相符论　　　　　个体群体论　　系统论

图1

白马非马，是言白马为特指。因马仅言偏。若以马概白马，概于"马"象，有以偏概全之嫌。概于"白"象，正其白、马二字；指物非指，是言公孙龙虽分名、物为两者，但两者始终不脱空存在，故"物莫非指，而指非指"，类同于"行莫非知，而知非知"。需力行实践，才方为真知。以此观点见仁，见德，方明知行合一。这种辨法与传统经解以人性为本不同，公孙龙很明确地提到了名、物二者关系，十分透彻；而通辨论则似今日之高等数学。通辨论中已经有了参考系概念。羊合牛非鸡，先以马为参考学划出牛羊为一类，再在这一类中分牛、羊二类，则逻辑圆满。通变论指明确定的同一坐标系下各种元素，以形成一圆满体系的方法与重要性。

坚白论倡惟象之论，名相相符之外再无本体，此为从逻辑探究人生的入门法。坚白乃指无恶、无必、无固、无我，即正名。人往往举其然而为推，公孙举其不然以为止，故"言多方殊类"，而不言"异故"。圣人仅就己知己感而达于泯内外，绝前后，故以此探心性，不失于外藏，而执求于内藏、相忘。此论实言名实不相符，即有名无实的东西只能在自己心里找到，藏于自己心里，而非藏于外物本身。坚白之辨有似于惠施、庄周辩于濠梁之上。

名家与西方逻辑学，都主为物正名。但不同之处在于名家认为名为意之名，乃"意名"。即由我心发起，西学中仅郝伯思与之相似。而穆勒一派则认为名为物之名，即乃"物名"。名起于物。主"意名"者，率主"止"，主于自己内心意境转变，妄为推证，则行而异，转而危，远而失，流而离本体，遂走入荒诞。达尔文进化论，论猿生人，即非人生人，类于孤犊未尝有母，故属主"物名"。主"物名"者，率主"推"，故论其终点，常推出杀盗非盗，爱娣非爱美人之怪说。西学逻辑主析主推，尽心于物之上，其目的乃为物而思，非为人而思，常易失于玄惑。以此路向前，故能产生空泛思想灵魂的科学方法。于名家，此名物手段只在于正史而析本，析名只是为解决内心困惑，科学的目的只是为人文，不能单独存在。此为心随物移，钻入了逻辑的生命，而忘了以人心世态为本。如果用逻辑学的角度来看，名家的种种辩解不足以彰于百世。这其中真精神，是要在墨子兼爱学说中找到一个"去恶"的理由。

儒、道、墨、名各家用力点均不同。墨重行而名重辨，但很多细微处却因用力方式不同而思想有异。公孙龙之五论都归极于"正名"。此一"正名"在法家中为"责实"，于儒家中为"格物"。儒家常说："必也正名乎"，"名不正则言不顺"，恰似名家"物以物其所物而不为过"。凡儒家中所涉

"知止"之"止字"，都犹名家中"正名"之"正字"，故双方思想实有相类。只不过儒家以人为系统，似无系统；名家以物为系统，似有系统，实则儒家更高明，故能通礼于人之作用。墨儒两家的逻辑学没有单独成一门把戏，而是贯通到了实际思想生活中，并且一开始即是如此，其目的仍在讲人性的道理。例如，若言"爱"而不举天志，而仅言父子，则无以辩明慈孝之爱与其他爱之不同。概言之，用名家观点言，若人不在一个不偏不倚的中庸体系下行事，则行事之名不正，易于偏向一端。故做事前应先理顺思想之大者。若大者正，则只需对内部进行调整，而不碍结局圆满。

《墨子》称《墨经》，《老子》称《道德经》，《庄子》称《南华经》，均为魏晋教东来后之风气，只有《孔子》仍称《论语》，不走上玄学。老庄、墨子的世界都那么的理想，只有儒家不忘现实，故实为此三家中，实为中国文化中流砥柱。《论语·雍也》："子曰：觚不觚，觚哉！觚哉！"《论语·述而》："子疾病，子路请祷。子曰：有诸？子路对曰：有之，祷而于上下神祇。"这两个典故都是儒学中与墨学相互渗透的部分。其内容十分简单，但要真理解，非合《论语》中"子不语怪力乱神""如在其上，如在其左右"等章节连看。因《论语》属大家初中、高中均学习的内容，就不在此赘述。

最后，引宋儒胡瑗的一个小故事寄语大家。

胡瑗，字翼之。幼年家贫无以自给，七岁能文。其父语乡里曰："此子乃伟器，非常儿也。"曾游学于山东泰山苦读十年，食不甘味，宿不安枕，每得家书见有"平安"二字即投入山涧，历时十春秋，终成一代宗师。

释拔本塞源诸篇

守仁曰："为学须得个头脑，工夫方有着落。"

又曰："某于良知之说，从百死千难中得来，非易容易见得到此。此本是学者究竟活头，不得已与人一口说尽。但恐学者得之容易，只把做一种光景玩弄，孤负此知。"

又曰："意在于事君，即事君便是一物。意在于事亲，即事亲便是一物。意在于仁民爱物，那仁民爱物便是一物。意在于视听言动，即视听言动便是一物。"

又曰："《大学》之要，诚意而已矣。"

格物致知者，诚意为功也。知者意之本，非意之外有知也。物者意之用，非意之外有物也。但举意之一字，则寂惑体用悉具。意非念虚好用灭之谓也，是生机之动，而未形有无之间也。独即之入微，非有二也，意本生生，惟造化之机不充则不能生，故学者贵收敛入。收敛即为慎独，此凝道之枢要也。

"致良知"一语，惜阳明发此于晚年，未及与学者深究其旨。先生逝后，学者大率以情况为竟知，是以见诸行事，殊不得力。罗念庵乃举未发以究其弊，然似未免于头上安头。夫所谓良知者，即本心不虑之真明，原自寂然，不属分别，此外岂更有未发邪？未发已发，体用自殊，不可溟涬无别，要须精晰体用分明，方见贯通一源处，有生之后，岂无未发之时，正要深体之，

226

若谓有生之后，皆是已发，是昧夫性之所存也。故问："致知焉尽矣，何必格物？"曰："知无体，不可执也。物者，知之显迹也。舍物则何以达此知之用？如室水之流，非所以尽水之性也。故致知必在格物。"守仁以意之所在为物，此意最精。盖一念未萌，则万境俱寂，念之所涉，境则随生。且如念不注于目前，则虽泰山觌面而不睹。念局注于也外，则虽蓬壶遥隔而成象。故意之所以为物，此物非内非外，是本心之影也。

宋、明书院学讲到王守仁门下，实已发挥得最易简，最切近，义无余蕴了。绪山、龙溪亲炙阳明最久，同闻其过重之言。龙溪谓："寂者心之本体，寂以照为用，守其空知而遗照，是乖其用也。"绪止谓："未发竟以何处见，离已发而求未发，必不可得。"是两先生之良知，俱以现在知觉而言，于圣贤凝聚处，尽与扫阵，龙师门之旨，不能无毫厘之差。龙溪从现在悟其变动不居之体，绪山只于事物上实心磨炼，故绪山之彻悟不如龙溪，龙溪之修持不如绪山。乃龙溪竟入于禅，而绪山不失儒者之矩获。盖龙溪悬崖撒手，非师门宗旨可所系缚。绪山则把缆放船，虽无不得，亦无大失。然而种种歧见，种种争辩，还是愈歧而愈狭，愈辩而愈细，使人入而不能出。真用功人，不由得你不深感这里的苦处。罗汝芳说："学得没奈何，然后遇此机窍。"当知唐代禅宗，也正是在这一局面下迸发而出的。以此却把宋、明几百年各家各派争辩歧见，只把孔孟"孝悌"两字来统括净尽了。但孝悌只是尽人事，如何把来通天道？于是古经籍中《易经》一书，便成为最难打通的一关。直从固、邵、张诸家，到朱熹之格物穷理而求一旦之豁然贯通，是一条路。又以程颢之"学者先须识仁"，到王守仁的"人心一点灵明是天地万物发穷最精处"，又是一段路。若只把捉到天地生生之德，来合斯人孝悌之心综合成一了，又可省却许多瓜葛与藤绕。

《易》曰："穷理尽性。"即穷吾性之理也。阳明说致良知，才是真穷理。儒家一贯都是以德性见气质、阳明的知行合一实际上承先秦。阳明早年辞章释老之学与中年事业生活之困顿，也难有如此鞭辟入里的心学。心学虽直达人心，但若无生活阅历与之匹配，很难做得一个真朴实的人。阳明之学本诸人，即"良知是一头脑"。若水之学本诸万物，即"天理是一头脑"，故学问思辩的力行功夫在守仁的良知教法里，不免忽略了。以心为体，以性为用。罗钦顺的心性二元论，乃于"存天理，去人欲"之上更明晰了该去何欲。与其以陈献章识途到守仁，似不如从守仁建基而补充以湛若水。这两种意见，便形成了后来王学本身内部之分歧。

师 省

今天是国际通认的教师节。余乃一介青年教师，自然收到了很多学生的节日问候。但较之高兴，余更愿作一番自省，与诸位同学共勉。

教师节弘扬的是一番教师特有的精神面貌。与其说是一种职业精神，余更愿称其为"道"。中国传统文化里，教育一向为国人所重视。纵有深山寺庙、古木道观，但中国人更愿将人生信仰托付给书院学堂。孔曰："用之则行，舍之则藏。"曾子曰："夫子之道，忠恕而已矣。"孟子曰："子归而求之，有余师。"中国人的人生进退就是道，师道最切近处也就是教人堂堂正正做一个人，教人做"能自得师"。只要人诚恳、忠实，想好好地做一个人，懂得推己及人，去引导人，劝诫人，就能得其师道。所以师道只是一个人人皆能的起码条件，但此起码条件，却同时已是师道最崇高的目标了。

中国古谚相传"天、地、君、亲、师"。"师"与天地君亲四者并列而为五，可见中国人对师道之重视。没有天地君亲，人不会出生。但没有师道，人却不会完成。"尊师重道"乃是中国文化中一种特有之精神。而中国传统社会亦以师道为中心而延续。所以说"作之君，作之师"。君主政统，师主道统。汤之盘铭曰："苟日新，日日新，又日新。"政统无常而师道不中绝。故在中国人观念里，道统毋宁是更重于政统。无怪孔门弟子要说夫子贤于尧舜。

孔子可以说是中国文化大统中最具代表性的一个人物，亦被称为至圣先师。正因孔子是中国历史首倡"师道"者，因此孔子最受中国人推崇。孔子是一个师，而同时也是一个圣，中国人理想中的圣便该是一个师。这是中国文化传统中最著精神的一点。唐代韩文公作《师说》，曰："师者所以传道、授业、解惑也。"这三项实已包括了为师之三大任务。"道"有"天道""人道"。子不语怪力乱神，天道非一般人所能揣测，但人道从天道而来，天地之中生有人类，在人类身上自应有一番人类自身之道。因此，为师者之最高理想，必能学究天人，通天人之际，守先待后，把此道来永远传递给后人。用西方人的话讲，为师者，应懂得宇宙原理和人生原理，并应懂得此两项原理之相通相合之处。这就包括了宗教信仰、伦理哲学和科学知识三方面，才能完成其为师传道之大责任。所以孔子之道虽然记录在书本上，但严格来讲，书本上所记载的却并不便是道，最多只是一些道的影子。若论道的本身，则该在师的身上，所以说"师严而道尊"，又说"道不虚行，存乎人"。若移开了师和人本身，而专在著作上来指点人，便是教条，遂有人说"经师易得，人师难求"。其实经师只是一专家，非皓首穷经不可得，但人师只需要朴实踏地，略通经学大义，以身作则来教导后学便可得。可见难着非彼而在此。

其次是"授业"。"业"字现在在很多人的眼里似乎只作一种个人谋生之职业来讲。但其实此一业字，应该指的是"学业、事业"。人生于此世，当经过一番问学，再把他的学问贡献于斯世，即是事业。因此，学业乃事业之体，事业乃学业之用。此一业，实为人生本职，因此可称之为"职业"。中国俗语又有"行业"一词。各种专业，各种职守，都应有各种特有的学问，而成为各种事业。师道相传，并非空洞地传那个道。在道中，便包括了各种行业，因此中国人称其为"道业"，亦称为"道行"。道业有大小，道行有高地，总之全靠为师者传授。樵夫、驾驭全是业，但其中各有其道，因此樵夫、驾驭也各有其师。

再次讲到"解惑"。人类历史不断变化，时代背景、社会情况，各有不同。人之性情与际遇也是千差万别。于是该守何业，该遵何道，在此之上易生疑惑。孔子教人，于学外兼重"思"。遇惑须思，故师道又重能为人解惑。孔曰温故而知新，可以为师矣。若仅温故不知新，便不能尽为人解惑。生乎今之世，未必能行古之道。汤、禹、颜回亦不同道。孔子之后，百家争鸣，在他们，莫不有一番绝高明的大理论，庄、老、韩、申都是如此。但若真想拿这些理论来教育人，便是所谓"贤者过之"了。

由上所说，师道至高，试问何人能尽得此师职？因此，孟子曰人之患在好为人师。孔子也说我学而不厌而诲人不倦。因人道绝需有人师，而师道难尽。故即使是孔子，也只有一面教，一面学。中国古人所说的教学相长即是这个道理。

《中庸》有曰："执柯以伐柯，其则不远。"又说道不远人，人之为道而远人，不可以为道。人道既不远人，师道也自不远人，只要自己先立一个必得好好做一个人的诚心和定意，那他已经具备了一个为人师的资格了。

近代，现代西方国家兴起，教育权逐渐从教会手中转移到了政府手中，便有国民教育。西方大学重在各种专门知识的传授，与中国传统教育理想不尽相同。此教育制度之宗旨，主在教育国家公民，其次是传授知识，练习技能，好为青年预备将来谋职业。青年入学，渐渐只为各自将来谋出路。而教师在社会观念上，也渐变成一种职业，成为一贩卖知识者。教师教的是书本技能，学生也只是在书本上技能上学习。教师与学生双方，在人与人之间的关系上日渐生疏，于是师与道便显然划开，变成有师而无道。换而言之，是只有教育方法，却没有教育精神。

教育本是一种精神事业，上承往世，下启后代，不仅青年们的前途操于其手，文化传统，民族命运，亦胥赖教育界之维系与光启。教师若对自己所从事的事业抱有信心，对青年前途抱有热忱，在此种信心与热忱中，自会激发一种快乐的责任感。而此种快乐绝非金钱和其他种种物质报酬所能换取。此种精神一经兴起，如响斯应，中国社会上尊师重道的旧传统、旧观念必然会迅速俘获。这里的转折点，只在为师者一念改变之上。

人曰三省吾身，为师者更应严格要求自己。余所念所思至此，深知知易而行难。仅记此一篇，知我罪我，全在诸位。

职业与人生

孔诞2565年新生入学讲话

今天在座的诸位都是刚刚进入大学校门的新生。也都才完成了初中生、高中生、大学生的社会一般必经过程。现代西方教育将人生划分成了两个时间阶段，前者曰求学，后者曰求职。这两个阶段的转换完成于大学阶段。从入校门起，诸位已经有了一个新的身份，即行业从业者。由此进阶而入文艺工作者，艺术家，乃至于大师（图1）。第一阶段是必需性的，在大学教育高度普及化的今天，接受大学教育已经和接受高中教育一样，成为人生必经过程。但是第二阶段却是选择性完成的。从业即是求职之第一步，但人的职业发展却千差万别。什么是职业？一般学生所期望于大学者：一曰知识，一曰职业。此二者实为相通。就现在社会一般现状来讲，求职业必待于修习一定程度之知识。此两者易地而观，实不见有其普遍之重要性。而两者共通之相似点，即在于两者之所趋，必求于专业化而日益狭窄。故职业的一大特点即在专业化。

职业的专业化在求能，而知识的专业化在求知。"知"与"能"之事，必在求人之所不知不能，方能显己所知所能之价值。所以从这个角度上理解，求知与求职之路向与目标，先则求其专，继而求其新，求其异，求创新出奇而制胜。一旦其事其学为人人所俱知俱能，其价值必然衰落，则人之求职业与求知识者，亦必望望然而去之。且知识与职业，俱受外界支配。一人仅如行业机器中一零件，在诸位入学应试选课的时候，未来发展大体早已决定。人人以为有自由挑选之权利，而实人人为外界条件所推排，为外界条件所限制。然社会为何物，其实只是一空洞的时风众势而已。社会需人引导，需人驾驭。社会正待为人所用，而后此社会乃能不断进步。若求知仅以供社会之用，则谁复为用社会者？此社会必逐渐空虚，渐成顽固。而至此人生亦失其凭据。人之为人，将求为一工具不可得。诸位来此求学的意义与价值，果在此乎？

必须完成阶段：幼儿园→小学生→初中生→高中生→大学生
选择性完成阶段：从业者→文艺工作者→艺术家→大师（小师）

图1

　　昔日梁任公曾言做学问当"窄而深"。其实真正做学问，窄了就不能深。宋代陆九渊曾说："纵使不识一字，也不妨碍我堂堂正正做一个人。"明代后期，阳明心学流弊所及，也曾说过："端茶倒水童子亦是圣人。"这些说法看似张狂，不识一字之人怎么能成人立业？端茶倒水这种不需要任何高深知识的工作又怎能助人成圣？我们不妨换一角度来想。在西方，人生的选择性阶段大致可以划分为四。曰Profession、Professor、College、University(United)。人由精通专业Profession，进而成为一名教授Professor，年轻人群聚于Professor身边，而成一小团体学会，曰学院College，无数学院之联合United，最终聚为一大学University。这即是专业而职业而事业的必经之路。故必求人先成一专家，再成一集大成者。但是就我们传统教育来看，却并不如此。清代名臣曾国藩的《求阙斋日记》上卷，分四类，首问学，次省克、治道、军谋、伦理。其曰："小学不明天下所以少成材也。" 亦曰："文章之事非精于义理者不能至，经济之学即在义理之内。又问经济宜如何审端致力。答曰经济不外看史。古人已然之迹，法戒昭然，历代典章不外乎此。" 经济之学即经世致用之学，在此泛指一切专业（曾国藩一生累迁内阁学士，礼部侍郎，署兵、工、刑、吏部侍郎，戎马半生）。此一 "业"字现在在很多人的眼里似乎只作一种个人谋生之职业来讲。但其实此一业字，应该指的是"学业、事业"。人生

于此世，当经过一番问学，再把他的学问贡献于斯世，即是事业。因此，学业乃事业之体，事业乃学业之用。此一业，实为人生本职，因此可称之为"职业"。中国俗语又有"行业"一词。各种专业，各种职守，都应有各种特有的学问，而成为各种事业。师道相传，并非空洞地传那个道。在道中，便包括了各种行业，因此中国人称其为"道业"，亦称为"道行"。道业有大小，道行有高低，总之全靠为师者传授。樵夫、驾驭全是业，但其中各有其道，因此樵夫、驾驭也各有其师。即是做人求学大于功名事业。故务求人先成一通才，有一道业，再有学业、事业、职业（行业），成为一专家。

西方：Professtion→Professor→College→University(United)

　　　专业→职业→事业

中国：曾湘乡《求阙斋日记》上卷

　　　问学→省克→治道→军谋→伦理

图2

所以，大学的生活与其说是知识与职业的，不如说是经验与理想的。大学生活，本之以往人生之现实经验，而培育将来人生的理想进步，乃为集结人生最高经验，面向人生最高理想之一种事业。故需注重以下诸课。

一、宗教与哲学，深研人生最高理论。

二、文学与艺术，欣赏人生最高境界。

三、天文与地理，明了宇宙来源。

四、生物与心理，认识生命真情。

五、历史与地理，博通以往人事经验。

六、数理与化学，兼知四围物质。

凡属人生经验之最普遍、根本、要紧而精彩者，必当从此认取，而人生之理想与进步者，亦须从此培养。以此为基础而学成者，曰"智慧""事业"，而非"知识"与"职业"。智慧与知识相异，事业与职业不同，前者属于人生，属于人生中之真性情。而后者仅属于专业，只是人生经历中所凝成的一部分，只是人生中命运的一部分。性情本于内发，命运本于外铄。大学所重，当属前者，即人之智慧与事业部分。而非后者，即人之知识与职业部分。庄子曰："吾生也有涯，而知也无涯。"庄子是一浪漫主义者，但却将求知放在了人生第一位。此一求知与曾湘乡之问学实属一者。孔子曰三十而立、四十不惑、五十知天命、六十耳顺、七十从心所欲不逾矩，似乎孔子一生都在不停学习。而此一学习并非专业的、职业的，而是人生的。孔子曰："学不言教不倦。"教育即人生，反而言之人生即教育。儒家好谈孔颜之乐，一箪食一豆羹，乐在其中。明代王学泰州学派王艮曾作了一首《乐学歌》："人心本自乐，自将私欲缚。私欲一萌时，良知还自觉。一觉便消除，人心依旧乐。乐是乐此学，学是学此乐。不乐不是学，不学不是乐。乐便然后学，学便然后乐。乐是学，学是乐。于乎，天下之乐，何如此学，天下之学，何如此乐。"换而言之，求知、问学其实即是问道。人曰文以载道，又曰以文化人。韩退之文起八代之衰，其实即是文化复兴，也就是当时的问道求识。而承前所述，从业者之进阶即为文艺工作者。文艺工作者之英文为Literal and Art workers，Literal更倾向于文学，而非文化。换而言之，从技术到艺术，其实中间需要文化做接引。

更确切地说，诸位入校即是一名传媒从业者。传媒行业的特点在于创新，但更在务本。传播学、新媒体、互联网，这些都是当下的显学，都有其独创性。但是，如果我们认为一个未知的事物即是新的，即是创新的，那么无论向前看或向后溯，对我们而言都是新的。显学是新的，传统文化亦是新的。本立而道生，我们常说历久弥新四个字，传统文化和孔子一样，经历了数千年，仍旧被后人学习，所尊崇，正有其不可易更之处。俗云师父领进门修行在个人，职业、生涯俱已如前所述，规划则需根据每人性向不同各有指陈，非一日可毕，需在逐日修行之中不断完善。余仅能在一番简单陈述上，为诸位提供一个大体方向。知我罪我，全在诸位。

后记

　　我是一名大学老师，每天的生活很简单，在艺术创作的空闲期，总括起来全部的生活也就是读书写作。这一本书中的文章，写作的时间场合各不相同。有的是在嘈杂的办公室中，凝神而思，看着来来往往的学生提笔而就；有的是在夜深人静时，在家中一盏小台灯下，抬头望着书架上最醒目的几本阳明先生全集，奋笔疾书而成；有的甚至是在我与家人放假休憩之时，心有所牵挂，猛然间被周围人一句话点醒，赶紧记下整理而成。在写这篇后记的时候，恰好我的一个学生给我写了一封来信。说来是信，其实和本书"语吾诸生"部分一样，并非是一些琐碎的只言片语，而是借着写信的形式，进行一种思想上的沟通表达。学生在信中记下了我给他们说过的一句话："传媒在中国本无所本，属于文化破坏后的新兴事物，需要文化回填。"其实当时我还告诉了他们季羡林老先生的另一句话："我们中国文化和世界文化之所以能够传下去，还是要靠几个人的甘坐冷板凳。"中国文化之所以有如此强的生命力，正是因为一代代甘心坐冷板凳的学人们的坚持与坚守。无论哪个朝代，这个冷板凳都是难坐的。当下，西方文化的各种符号充斥于中国社会，而中国文化却犹如一条暗流，很难找到一种明确的示人精神，冷板凳愈发难坐，文化回填的过程尤显艰难。但是，我始终坚信，文化风向的转变一定会发生，潮流一定会回到中国传统文化正轨。这其中的原因其实很简单：在一个缺乏信仰的时代，人心终归需要向善，而引导人向善正是中国文化所长。

　　最后，感谢马识途先生之书名题字，阿来先生之作序，何应辉先生之章节题字，秦天柱先生之插图画作。诸位前辈之关怀提携，莫不给予我更多前进动力。

　　本书著作出版过程中，亲朋师友们给予我不同程度的帮助，在此深表谢意。

图书在版编目（CIP）数据

源流：中西文化论谈 / 沈晶著. —成都：四川人民出版社，2015.1（2016.6重印）

ISBN 978-7-220-09333-3

Ⅰ. ①源… Ⅱ. ①沈… Ⅲ. ①比较文化—中国、西方国家 Ⅳ. ①G04

中国版本图书馆CIP数据核字（2014）第271958号

源流 中西文化论谈
YUANLIU　　ZHONGXI WENHUA LUNTAN

沈 晶 著

责任编辑	吴焕姣
装帧设计	经典记忆
责任校对	袁晓红
责任印制	祝 健

出版发行	四川人民出版社 (成都槐树街2号)
网　址	http://www.scpph.com
E-mail	scrmcbsf@mail.sc.cninfo.net
新浪微博	@四川人民出版社官博
发 行 部 业务电话	(028) 86259457　86259453
防 盗 版 举报电话	(028) 86259457
照　排	四川省经典记忆文化传播有限公司
印　刷	北京海纳百川印刷有限公司
成品尺寸	185mm×260mm
印　张	15.25
字　数	230千字
版　次	2015年1月第1版
印　次	2016年6月第1次印刷
书　号	ISBN 978-7-220-09333-3-02
定　价	71.00元